¡¡FACULTÉ DE DROIT DE PARIS.

THÈSE POUR LE DOCTORAT.

—

DES ACTES
FAITS EN FRAUDE DES CRÉANCIERS.

L'acte public sur ces matières sera soutenu
le mercredi 27 août 1856, à deux heures et demie,

PAR CHARLES DUBOIS,

Né à Amiens.

PRÉSIDENT : M. DUVERGER, *professeur.*

SUFFRAGANTS : { MM. BUGNET, PELLAT. } *professeurs.*
{ FERRY, COLMET DE SANTERRE, } *suppléants.*

Le Candidat répondra en outre aux questions qui lui seront faites
sur les autres matières de l'enseignement.

VERSAILLES,
DE L'IMPRIMERIE DE BEAU JEUNE,
RUE DE L'ORANGERIE, 36.
1856

FACULTÉ DE DROIT DE PARIS.

THÈSE POUR LE DOCTORAT.

DES ACTES
FAITS EN FRAUDE DES CRÉANCIERS.

L'acte public sur ces matières sera soutenu
le mercredi 27 août 1856, à deux heures et demie,

PAR CHARLES DUBOIS,

Né à Amiens.

PRÉSIDENT : M. DUVERGER, *professeur.*

SUFFRAGANTS : { MM. BUGNET, PELLAT, } *professeurs.* { FERRY, COLMET DE SANTERRE, } *suppléants.*

Le Candidat répondra en outre aux questions qui lui seront faites sur les autres matières de l'enseignement.

VERSAILLES,
DE L'IMPRIMERIE DE BEAU JEUNE,
RUE DE L'ORANGERIE, 36.

1856

NOTIONS GÉNÉRALES.

———

Dans toutes les législations, le principe de la fidélité
due aux engagements reçoit une sanction plus ou moins
rigoureuse, mais généralement cette sanction est d'autant moins sévère que la nation est plus civilisée. Aussi
la législation romaine tendit-elle toujours à un système
de moins en moins rigoureux pour les débiteurs, et
tandis que sous la loi des xii Tables les poursuites pouvaient aboutir, peut-être à la section en morceaux de la
personne du débiteur, ou au moins à son esclavage, nous
voyons la législation prétorienne, dès qu'elle eut établi
son empire, limiter dans la plupart des circonstances
les poursuites des créanciers à la discussion des biens
du débiteur.

Dès lors, on dut immédiatement songer à assurer à
ce mode d'exécution toute son efficacité, on dut chercher à empêcher un débiteur d'employer à l'approche
de sa ruine des manœuvres frauduleuses pour soustraire ses biens à ses créanciers, soit qu'il se proposât
d'en profiter lui-même dès qu'il se serait mis à l'abri
de leur poursuite, soit qu'il cherchât seulement à favoriser d'autres personnes pour satisfaire un intérêt

D.   1

d'affection ou pour spéculer au préjudice de ses créanciers sur leur reconnaissance.

Pour éviter ce danger, on dessaisit donc de la possession de ses biens le débiteur dont l'insolvabilité était démontrée et on la transféra à ses créanciers, voilà pour l'avenir : pour le passé, on posa en principe que le débiteur n'avait pu conserver l'administration de ses biens qu'à la condition de ne faire aucun acte en fraude de ses créanciers, c'est-à-dire de ne faire avec la connaissance de son insolvabilité aucun acte qui pût leur préjudicier.

Notre ancien droit français admet le principe du droit romain; seulement, comme la législation moderne traitait d'une manière différente les débiteurs ordinaires et les débiteurs commerçants, on introduisit contre ces derniers des dispositions spécialement rigoureuses que nous étudierons.

Enfin, le principe romain étendu encore et plus largement appliqué passa dans notre nouvelle législation, et des mesures sévères furent prises pour assurer à la masse l'actif véritable des faillis.

Nous suivrons dans nos explications l'ordre historique.

—

PREMIÈRE PARTIE

DROIT ROMAIN.

CHAPITRE PREMIER.

Contre les actes faits par le débiteur en fraude des droits des créanciers, on admit divers moyens de recours. Toutefois, il n'est pas sans difficulté de connaître combien il y en eut, et surtout dans quel ordre chronologique ils furent introduits.

Nous savons d'abord, à n'en pouvoir douter, qu'un interdit, appelé l'interdit fraudatoire, fut donné aux créanciers pour la rescision de ces actes. Et la nature même de ce moyen de recours nous fait penser qu'il fut le plus ancien ; il dut dater des commencements même de la procédure formulaire ; la preuve en est dans la procédure même des interdits qui nous offre un mélange des formes de l'action de la loi et de celles du nouveau système de procédure.

Plus tard, à une époque que nous ne pouvons préciser, mais qui nous paraît devoir être antérieure à Cicéron (1), apparaît un nouveau moyen offert par le

(1) Cicéron en parle en effet dans une de ses lettres à Atticus : *Cœcilius avunculus tuus a P. Vario cum magna pecunia fraudaretur, agere cœpit cum ejus fratre Caninio Satrio de iis rebus quas eum dolo malo mancipio accepisse de Vario diceret.*

préteur aux créanciers pour atteindre la fraude; c'est
une action qui leur est donnée et contre le *fraudator*
lui-même et contre les personnes qui ont profité de la
fraude. Un titre du Digeste est consacré à cette action
qui était personnelle et *in factum concepta*.

Sous Auguste, ici nous avons, grâce aux renseigne-
ments de Suétone et aux Tables consulaires, la date certaine de 757, parut une loi qui déclara absolument nuls
les affranchissements faits en fraude des créanciers.

Enfin, à une époque qu'il n'est pas possible de déterminer, le préteur accorda aux créanciers une *restitutio in integrum* qui leur permit d'exercer contre
les personnes qui avaient profité des actes frauduleux,
une action qui eut un caractère réel.

Mais il s'en faut que ces idées soient incontestées; de
nombreuses difficultés se sont élevées et ont donné lieu
à une multitude de conjectures.

En effet, aucun texte des Pandectes ni du Code ne
parle d'une action Paulienne ayant un caractère réel;
au contraire, aux Instituttes il n'est nullement question
de l'action Paulienne *in factum*; mais un § du titre *de
Actionibus* est consacré à l'action Paulienne réelle.

Dès lors on se demanda : Y a-t-il deux actions? n'y en
a-t-il qu'une réelle? Au contraire, n'y en a-t-il qu'une
personnelle? l'action dont il est question aux Instituttes
est-elle une action Paulienne? Et toutes ces questions
sont résolues en sens contraires.

1° Les uns soutinrent que l'action dont parle le § 6
des Instituttes et celle dont il est parlé au titre du Digeste
Quæ in fr. cred. ne sont qu'une seule action qui est
réelle ; mais cette opinion fut d'abord repoussée, des textes formels comme la loi xxxviii, § 4 *de Usuris* ne permettant pas de douter que l'action dont il est question
au Digeste ne soit personnelle.

2° On prétendit alors (Vinnius), que l'action dont s'occupent les Instituts était sans doute identique à celle du Digeste, et que c'était par erreur que cette action avait été placée parmi les actions réelles. Les rédacteurs des Instituts manquaient de leur guide ordinaire Gaïus; obligés de voler de leurs propres ailes, ils se sont mépris, ils ont vu dans l'action qui nous occupe une tradition rescindée : ils venaient de parler dans le § 5 d'une usucapion rescindée; frappés de l'analogie, ils ont placé notre action à la suite. Théophile dans sa paraphrase est tombé dans la même erreur. Mais la plupart des commentateurs ont reculé devant la hardiesse de ce système, et on n'a pas osé accuser le compilateur des Pandectes et l'auteur des Instituts d'une aussi complète ignorance.

3° Doneau et après lui Voet ont préféré dire que l'action dont s'occupe le § 6 des Instituts n'a aucun rapport avec celle dont il est question au Digeste. Ils ont interprété autrement le paragraphe des Instituts; sans doute, en corrigeant la ponctuation (car sans cela le contre-sens serait manifeste), en transportant après le mot *possessis* les deux points qui sont ordinairement placés après le mot *tradiderit*, dès lors l'espèce prévue par ce paragraphe a été changée, et il s'est trouvé qu'il prévoyait l'hypothèse où un débiteur aurait fait tradition de sa chose postérieurement à l'envoi en possession de ses biens. Dès lors il était tout naturel d'accorder une action réelle à des créanciers qui avaient un droit réel, le *pignus prætorium,* et l'action des Instituts serait celle dont parle Justinien dans la Const. II *de prætorio Pignore.*

On appuie cette idée en remarquant que le paragraphe des Instituts n'exige pas deux conditions essentielles cependant, pour qu'il y ait lieu à l'action Paulienne; d'abord, la fraude de celui contre qui on la donne, ensuite la vente des biens. On ajoute que si c'est une action *in rem*, il serait singulier que soit au Digeste, soit au Code, aucun texte ne s'occupât de cette action. Au contraire, en y voyant une action donnée pour la poursuite du gage prétorien, on retrouve ici l'action donnée par la Const. II, qui tranche les doutes qui s'étaient élevés sur la nature du droit des envoyés en possession. Il est vrai que le texte des Institutes suppose que la tradition a été faite par le débiteur, ce qui ne serait pas nécessaire pour qu'il y ait lieu à l'action dont nous parlons. Mais on a voulu dire que la tradition pourrait être rescindée même si elle émanait du débiteur, car on en eut pu douter et dire subtilement que les créanciers n'avaient de droits que sur les biens du débiteur, et que la chose aliénée par lui ne faisait plus partie de ses biens. — Doneau prévoit encore une objection; on pourrait dire : A quoi bon dans ce cas exiger la fraude du débiteur si les créanciers ont un droit réel, la meilleure foi du monde peut-elle le leur enlever, et il répond que ceci est spécial au gage prétorien que les actes faits sans fraude par le débiteur doivent être respectés, mais la bonne foi du tiers ne pourra jamais le mettre à l'abri (1).

Si spécieux que soit ce système, il doit cependant être rejeté, d'abord parce qu'il nécessite une correction au texte des Institutes, puis surtout parce qu'il est pleinement démenti par la paraphrase de Théophile qui décide formellement que l'action qui nous occupe est l'action Paulienne; enfin parce que le texte des Ins-

(1) Un autre système enseigné en Allemagne, qui ne diffère de celui-ci qu'en ce qu'il suppose une *restitutio in integrum* pour permettre aux créanciers d'exercer leur action, doit être repoussé par les mêmes motifs.

titutes lui-même le repousse, car pourquoi les créanciers, s'ils ont un droit réel, prétendraient-ils que les biens sont restés dans le patrimoine du débiteur, ne peuvent-ils pas agir en leur nom, qu'importe à un créancier hypothécaire l'aliénation que l'on a pu faire de son gage?

4° Plus tard on a reconnu qu'il y avait deux actions Pauliennes, l'une aux Institutes, l'autre au Digeste. On s'en est pleinement rapporté au texte de Théophile. On a dit : L'action dont il est parlé au § 6 est une revendication avec une formule *fictitia;* les créanciers agissent comme ayants cause de leur débiteur en faisant insérer dans la formule la fiction qui consiste à ne point tenir compte de la tradition. Cette action s'applique aux aliénations et ne tient aucun compte des distinctions que l'action *in factum* admet touchant la bonne foi des tiers, le titre auquel ils possèdent, etc.

Mais les partisans nombreux aujourd'hui de cette opinion se sont partagés sur la date de son introduction. Les uns ont pensé que cette action *in rem* était tion originaire, l'action plus ancienne; mais comme par sa nature même elle ne peut être utile que pour la rescision des aliénations, on aura pour les autres actes introduit l'action *in factum*. D'autres, au contraire, ont pensé que l'action *in factum* avait précédé l'action *in rem*, ils se sont fondés sur ce que telle était la marche ordinaire du droit romain qui avait eu peine à admettre le caractère réel des actions résolutoires. On sait en effet qu'Ulpien, le premier, soutint cette théorie qui rencontra les plus vives résistances de la part des autres jurisconsultes, et qui n'avait pas encore prévalu sous Dioclétien (1). Pour nous qui repoussons l'existence

_____

(1) Fr. Vat. § 283, M. Bonjean s. notre action.

d'une action *in rem* telle que l'entendent ces jurisconsultes, nous n'avons pas à nous prononcer sur cette controverse (1).

5° Nous ne pensons pas qu'il ait jamais existé, à proprement parler, une action *in rem*; il serait inexplicable, si cette action est antérieure à l'action *in factum*, que Justinien, ne parlant que de l'action *in rem* dans les Institutes, n'ait inséré dans le Digeste aucun des textes des jurisconsultes qui y avaient trait; cette action devait en effet avoir une très-grande importance, et les personnes qui l'admettent signalent entre elle et l'action *in factum* de très-notables différences : il est donc impossible que si elle eût existé, rien dans les textes du droit romain n'en ait signalé l'existence. Si au contraire elle est plus moderne, on s'étonne à bon droit de ne trouver dans le Code aucune constitution qui l'établisse ou qui la règle. D'ailleurs ne répugne-t-il pas d'admettre ici une véritable action réelle? sur quoi pourrait-elle se baser alors qu'il est reconnu que les créanciers n'ont antérieurerement à l'envoi en possession aucun droit réel sur les biens de leur débiteur? Au contraire, une action personnelle a sa source bien indiquée, le dol qu'a commis le tiers, soit s'il a reçu à titre onéreux en profitant des intentions frauduleuses du débiteur, soit s'il a reçu à titre gratuit en voulant conserver un bénéfice alors que les créanciers, par l'effet de la fraude, essuient une perte? Les résultats ne seraient pas moins exorbitants, et si l'on donne cette action contre les tiers acquéreurs de bonne foi, on arrive s'ils ont acquis à titre onéreux à une évidente iniquité ; si, au contraire, on recule devant cette consé-

(1) Cette opinion est soutenue par MM. Ducaur., Ortol., Bonj., Capmas.

quence, on arrive à une anomalie, à une action réelle qui ne se donne que contre certains détenteurs. On peut sans doute en citer un exemple : la *petitio hereditatis* qui ne se donne que contre ceux qui possèdent *pro herede* ou *pro possessore*, mais cet exemple s'explique par la force des choses ; cette action en effet a pour but de faire juger contre quelqu'un qu'on est héritier. Or, ceci ne peut être jugé que contre une personne qui conteste cette qualité, ce que ne s'avisera pas de faire celui qui possédera *pro emptore* ou *pro donato*.

Comment donc dans notre opinion expliquer le § 6 des Instituts et la paraphrase si explicite de Théophile. En disant qu'il y a bien ici une action *in rem*, mais qu'elle n'est pas donnée en principe, en règle générale. Les créanciers ont l'action *in factum*, et ceci doit leur suffire dans la plupart des cas ; mais si cette action ne crée pour eux qu'un recours insuffisant, ils pourront s'adresser au préteur pour obtenir une *restitutio in integrum*. Si l'équité exige que le recours des créanciers soit complété, le préteur la leur accordera, et dès lors la tradition sera rescindée, et les créanciers auront acquis la revendication qu'ils exerceront contre tout détenteur.

Mais le préteur n'accordera la *restitutio*, et c'est là l'importance de la différence entre notre opinion et celle que nous venons d'exposer, qu'autant que l'équité l'exigera. Ainsi sera-t-elle difficilement accordée contre un tiers possesseur à titre onéreux de bonne foi ; car nous voyons qu'à l'égard de ces tiers, ce n'était qu'avec peine que le mineur lui-même obtenait la *restitutio* (1). Il faudra en un mot que le préteur trouve la position des créanciers plus favorable que celle des tiers, ce qui

_____

(1) L. xiii, § 1 *de Minoribus* (4, 4).

arrivera rarement hors des cas dans lesquels est donnée l'action *in factum;* car les tiers ne peuvent pas être en faute s'ils sont de bonne foi, tandis que les créanciers ont en règle générale à se reprocher de n'avoir pas discuté plus tôt leur débiteur.

Ce système s'appuie d'abord sur ce qui se passe dans le cas où une personne a agi sous l'empire de la violence : le préteur lui donne une action personnelle ou une action *in rem*, celle-ci au moyen d'une *restitutio;* l'analogie paraît parfaite (1). Nous tirerons un autre argument de rapprochement du § 5, qui est certainement relatif à un cas de *restitutio in integrum*, comme le prouve l'édit du préteur (l. 1, pr. *quibus causis majores*). Ce paragraphe emploie, en effet, l'expression *rescissa usucapione*, comme le nôtre, *rescissa traditione;* ceci nous indique bien que l'opération est la même dans les deux cas.

Ainsi donc, le § 6 s'occupe d'un cas de *restitutio in integrum*, soit pour donner aux créanciers une action contre un tiers qui y échapperait aux termes du droit commun, soit pour donner un caractère réel à leur action, contre ceux qui sont soumis déjà à l'action personnelle (2). M. de Savigny enseigne cependant que le premier de ces résultats ne pourra jamais être atteint, que notre action sera une action *in rem, in personam scripta*. Cette affirmation me paraît cependant difficile à justifier, car la *restitutio* une fois accordée, l'acte est anéanti, et dès lors la revendication ordinaire appartiendra aux créanciers. Il est seulement à croire que la *restitutio*, si elle était accordée contre ces personnes, ne l'était que difficilement.

(1) L. ix *Quod met. causa* (4, 2).

(2) On leur fait ainsi acquérir une cause de préférence sur les créanciers de celui qu'ils actionnent.

Il nous reste une autre difficulté, l'introduction de l'action Paulienne est-elle ou non antérieure à la loi Ælia Sentia? Dans cette circonstance, est-ce le droit civil qui est venu compléter le droit prétorien, ou le droit prétorien qui a imité et généralisé le droit civil?

Il est vrai que nous avons cité plus haut un passage d'une lettre de Cicéron qui nous a semblé prouver que l'action Paulienne existait de son temps; mais ce texte n'est pas assez clair pour ne pouvoir être contesté, et l'on a soutenu qu'il n'entendait parler que d'une action de dol. On ajoute qu'il est peu probable que l'action *in factum* existât lorsque la loi Ælia Sentia fut portée, car elle eût été inutile, cette action devant suffire pour faire rescinder les affranchissements. On profita donc de ce que l'on portait une loi sur les affranchissements pour annuler ceux qui seraient faits en fraude de créanciers et pour réprimer une fraude facile et fréquente.

Plus tard les préteurs, à l'imitation de la loi Ælia Sentia, introduisirent une action pour la révocation des actes frauduleux.

A cet argument il est facile de répondre; car si l'action Paulienne n'avait pas existé, toujours est-il certain que l'interdit fraudatoire existait déjà, et en sa présence l'utilité de la loi Ælia Sentia ne serait pas plus facile à expliquer. Il faut donc lui chercher une autre raison, et voici la véritable : le préteur rescindait bien par l'action *in factum* les actes faits en fraude des créanciers, mais il en était auxquels il n'osait pas toucher. C'était les affranchissements : leur rescision paraissait trop grave, et pour eux il fallut une loi. On répond qu'il est tellement faux que le préteur craignît de rescinder les affranchissements, qu'il le faisait quand il rescindait au profit du fils émancipé le testament du père qui instituait son esclave. A cela il faut répondre que, dans le principe, les possessions de biens ne corrigeaient pas le droit civil, elles le complétaient seulement; en sorte que, dans l'espèce citée, il eût suffi à l'esclave de réclamer pour anéantir les effets de la possession de biens qui eût été *sine re*. Gaïus nous parle encore de ces possessions.

Ainsi, selon nous, voici l'ordre des voies de recours :

1° Interdit fraudatoire, qui date à peu près de l'époque de la chute des actions de la loi;

2° Action *in factum*, dont il est impossible de préciser l'époque, probablement antérieure à Cicéron;

3° Loi Ælia Sentia, 757, comme cela résulte de Suétone et des Tables consulaires. ·

4° Une *restitutio in integrum*, que le préteur accorda aux créanciers quand l'équité prescrivait d'étendre ou de compléter les effets de l'action Paulienne. L'époque, ici encore, est impossible à préciser.

CHAPITRE II.

DE L'INTERDIT FRAUDATOIRE.

Nous avons vu que cet interdit était le plus ancien des modes de recours offerts aux créanciers. Plus tard, quand l'action *in factum* eut été introduite, il fut moins employé et tomba tellement en désuétude que le titre du Digeste *Quæ in fraudem* ne contient même pas son nom. Si quelques textes y sont relatifs, ils ont été corrigés et appliqués à l'action Paulienne, et bien que la loi x nous donne sa formule dans son *principium*, c'est toujours de l'action qu'il est question partout. Mais trois autres textes s'en occupent, ce sont les lois LXVII *ad Trebell.*, XCVI *de Solut.* et 1. *de in integr. Restit.* au Code Théodosien.

D'après la loi xcvi *de Solutionibus*, je crois qu'il est possible de conjecturer que l'interdit fraudatoire n'était pas spécial au droit des créanciers de faire annuler les actes faits en fraude de leurs droits. Il s'agit dans ce texte du débiteur d'un pupille qui, sur la délégation du tuteur, a payé à un créancier de celui-ci. Or, la délégation a été faite en fraude des droits du pupille et le créancier payé a été complice de cette fraude. Dans cette hypothèse j'hésiterais, malgré l'autorité de Cujas, à admettre que le pupille pût avoir contre ce créancier l'action Paulienne.

Des six premiers fragments du titre *Quæ in fraudem*, des principes qu'ils posent et des exemples qu'ils donnent, il résulte que l'action Paulienne a pour but la révocation d'un acte fait par un débiteur, *sur son patrimoine* dans le but de *le diminuer*, en sorte qu'il soit insuffisant pour satisfaire ses créanciers. Or, ces circonstances ne se rencontrent pas ici. Est-ce que l'acte a été fait sur le patrimoine du tuteur? Est-ce que son but a été de rendre inefficace l'action *tutelæ*? Est-ce qu'il n'a pas voulu, au contraire, augmenter son patrimoine? Et en fait n'est-il pas certain qu'il n'y a eu ni augmentation, ni diminution, puisqu'il a contracté vis-à-vis du pupille une dette égale à celle qu'il a éteinte. — Si le tuteur avait réellement diminué son patrimoine, s'il avait payé de ses deniers son créancier et dans le but de rendre inefficace l'action *tutelæ*, il n'y aurait même pas lieu à l'action Paulienne, et le créancier n'est en faute que parce qu'il a su que le tuteur voulait s'enrichir.

Dans la loi i *de in integr. Restit.* au C. Théodos., il est aussi question d'un acte fait par un tuteur; mais dans ce cas il y aurait lieu sans nul doute à l'action Paulienne, parce que le tuteur en aliénant son bien a voulu rendre inefficace l'action *tutelæ*.

Il me parait donc permis de supposer que l'interdit fraudatoire était donné dans d'autres hypothèses que celle d'actes faits en fraude des créanciers; mais il est impossible de faire aucune conjecture sur son étendue qui, d'après les expressions dont se servait le préteur, pourrait être très-grande.

Mais l'interdit fraudatoire ne pouvait détruire complétement les effets de la fraude, non pas tant en ce qu'il ne rendait aux créanciers que la possession, car cette possession était garantie par l'exception de dol, qu'en ce que la restitution des fruits n'était qu'incomplète. En effet, l'interdit fraudatoire, comme les autres interdits *recuperandæ possessionis*, ne s'appliquait pas aux fruits perçus pendant le temps intermédiaire, ni au part qui était conçu et né pendant cet intervalle : *ex eo die exinde rationem fructuum haberi quo edicta sunt retro*, dit la loi III *de Interdictis*, le seul interdit *unde vi* fait exception à cette règle (1). En sorte que les créanciers ne pouvaient obtenir la restitution que des fruits vendus avec le fonds et de ceux perçus postérieurement à l'interdit. Les premiers, en effet, ont fait partie de la chose aliénée, et doivent par conséquent être rendus avec elle.

CHAPITRE III.

DE L'ACTION PAULIENNE.

C'est sans doute pour rendre plus efficace et plus complet le droit des créanciers qu'un préteur nommé Paulus créa une action *in factum*. Quand un créancier

(1) L. I, § 40 *Unde vi.*

se présentait après la discussion du débiteur, n'ayant pu être payé que d'une partie de sa créance, alléguant la fraude dans certains actes du débiteur, le préteur lui donnait contre celui qu'il disait avoir profité de ces actes une action qui, énumérant certains faits, subordonnait à leur preuve la condamnation du défendeur. L'action était de plus arbitraire : avant la condamnation, le juge ordonnait au défendeur de restituer, et en cas de refus, il faisait mettre le demandeur en possession *manu militari* si la chose était possible, sinon il condamnait le défendeur à payer une somme égale à l'intérêt du demandeur, si ce n'était pas par l'effet de son dol que le rétablissement des choses dans l'état primitif était impossible, ou au montant de l'estimation que le demandeur faisait par serment s'il y avait dol de la part du défendeur (1).

Cette action a pour fondement le dol du défendeur, aussi voyons-nous l'édit du préteur (2) employer ces expressions : *quæ fraudationis causa gesta erunt cum eo qui fraudem non ignoraverit;* contre un acquéreur à titre onéreux, on s'en tient à ces paroles de l'édit et on ne peut lui reprocher que le dol qu'il a commis en aidant sciemment le débiteur à tromper ses créanciers ; contre un acquéreur à titre gratuit, on est plus sévère et on admet le créancier à lui reprocher le dol qu'il commet en voulant conserver une donation faite dans le but d'appauvrir les créanciers.

Passons maintenant à l'examen des actes qui peuvent donner ouverture à l'action, et voyons ce que le préteur a compris dans ces expressions si générales *quæ*

----

(1) L. LXVIII *de rei Vindicat.* Arg. l. v, § 11, *Si quid in fr. patr.*

(2) L. I, pr. *Quæ in fr.*

fraudationis causa gesta erunt. Late hæc verba patent, nous dit Ulpien.

§ 1. — *Quels actes donnent ouverture à l'action.*

En face des expressions si générales de l'édit, nous n'avons qu'à indiquer les actes qui échappaient à l'action. Remarquons seulement que l'action s'appliquait non-seulement aux actes faits par le débiteur, mais même aux jugements qu'il a frauduleusement laissé rendre contre lui.

Les actes qui ne diminuent pas le patrimoine du débiteur, mais par lesquels il refuse de l'augmenter, ne donnent pas ouverture à l'action. Cette distinction est en elle-même parfaitement raisonnable, mais les Romains l'appliquaient mal quand ils disaient que les créanciers ne pouvaient critiquer la répudiation d'une hérédité ou d'un legs, car dans ces circonstances il y avait véritablement aliénation. Le débiteur avait aliéné un droit qui faisait partie de son patrimoine. Ulpien le reconnaît lui-même quand, dans la loi v, § 8, *De rebus eorum qui sub tutela,* il décide formellement que la répudiation d'un legs est une aliénation. Quoi qu'il en soit, cette règle est certaine.

Il eût pu cependant s'élever quelque difficulté sur la question de savoir si l'héritier sien peut en fraude de ses créanciers s'abstenir de l'hérédité à laquelle il est appelé, lui, en effet, n'a pas besoin de faire adition, en sorte qu'il semble qu'on eût dû dire qu'il diminue son patrimoine, cependant les jurisconsultes romains refusent encore l'action aux créanciers. A l'objection que nous avons faite ils répondaient qu'il n'y avait pas cependant une confusion complète des biens du père avec ceux du fils, et la preuve en est que les créanciers du

défunt peuvent encore demander la séparation des patrimoines. Il est vrai que l'hérédité est acquise au
fils sans adition, mais n'en est-il pas de même d'un
legs.

La loi XLV *de Jure fisci* donne une décision contraire.
Les actes faits en fraude du fisc seront rescindés même
quand il n'en résultera pas une diminution du patrimoine. Il semble qu'il n'y ait pas là une grande difficulté et que la conciliation est facile en disant que c'est là
un des priviléges du fisc. Mais la comparaison de la
loi XXVI vient ajouter à la difficulté. Ce texte, qui a en
vue un cas de confiscation, donne une décision conforme
au principe de notre matière. Un père accusé d'un crime
capital émancipe son fils à qui une hérédité est déférée
pour qu'il profite de l'institution, et que cette hérédité
échappe à la confiscation qui va être prononcée contre
lui. Le jurisconsulte décide que le fisc ne pourra pas
critiquer la renonciation. Cujas essaie de concilier ces
deux textes en disant que le principe général est dans
la loi XLV ; la loi XXVI s'occupe d'un cas particulier et
donne une décision différente, parce que le but du père
est moins de frauder le fisc que d'enrichir son fils, d'autant plus que le fils est libre de ne pas faire adition et
que par conséquent le fisc a peu de chances de recueillir
cette hérédité ; mais si ce motif est celui que donnerait
Cujas, ce n'est pas celui que donne Ulpien, qui décide
ainsi uniquement parce qu'il n'y a pas là d'aliénation,
l'hérédité n'étant pas encore acquise au père. Je crois
que l'on ne peut concilier ces deux textes qu'en disant
que dans l'espèce de la loi XLV il s'agit d'un débiteur
du fisc, que par conséquent le fisc perd, tandis que dans
l'espèce de la loi XXVI il ne fait que manquer à gagner.
Cette différence peut expliquer la différence de sévérité.
Ainsi donc il faut décider que les débiteurs du fisc ne

D. 2

peuvent même pas en fraude de ses droits négliger
d'acquérir.

Mais même parmi les actes qui diminuent le patrimoine du débiteur il en est un que les créanciers
ne peuvent attaquer par l'action Paulienne, c'est l'addition d'hérédité (1). On a pensé sans doute que la faveur des successions méritait une exception aux principes généraux et qu'accorder l'action aux créanciers
c'était nuire à la mémoire du défunt en lui enlevant
son héritier, et en rendant publique son insolvabilité.
Ce ne sera que dans des cas exceptionnels que le préteur pourra venir au secours des créanciers et leur donner un secours extraordinaire.

Contre les actes postérieurs à l'envoi en possession on
donne aussi l'action Paulienne (2).

§ 2. — *Quand y a-t-il lieu à l'action?*

Mais ces actes, qui, s'ils sont frauduleux, peuvent
être atteints par l'action Paulienne, ne le seront qu'à
deux conditions : la première, que les créanciers aient
éprouvé un préjudice ; la seconde, que le débiteur, lorsqu'il fit l'acte attaqué, ait eu l'intention de le leur faire
éprouver. C'est ce que les Romains appelaient l'*eventus
fraudis* et le *consilium fraudandi*.

Ainsi la première chose que les créanciers auront à
faire sera de prouver qu'ils éprouvent un préjudice,

(1) L. 1, § 50 *Separ.*
(2) L. VI, § 7, et L. X, § 16, h. t. Mais comment justifier la
décision de cette dernière loi et comment concevoir l'approba-
tion qu'on y donne à la violence du créancier? Sans doute,
répond Cujas, le créancier eût dû employer l'intervention du
magistrat; mais cela lui ferait perdre du temps, permettrait
peut-être au débiteur de s'enfuir; cette violence est en quelque
sorte autorisée, imposée même par la nécessité.

c'est-à-dire que les biens du débiteur ne suffisent pas à
les payer. Il faudra donc qu'ils aient été préalablement
envoyés en possession de ses biens et qu'ils les aient
vendus. Aussi voyons-nous que l'édit du préteur paraît
prévoir que, dans la plupart des cas, l'action sera donnée au *curator bonorum*.

Il ne paraît pas que l'on ait soutenu au sujet de l'action Paulienne, comme l'a fait Gaïus sur la loi Ælia
Sentia, que la condition du préjudice pût suffire pour
donner ouverture à l'action; la raison en est sans doute
dans la plus grande précision des termes de l'édit, il
était en effet impossible de soutenir que la fraude du
débiteur n'était pas exigée, puisque l'édit ne donnait
l'action que contre ceux qui avaient connu la fraude
du débiteur.

Mais il est une classe d'actes qui ne produira jamais
d'effet au préjudice des créanciers, bien qu'ils ne donnent pas ouverture à l'action Paulienne (1). Ce sont les
libéralités à cause de mort, les donations *mortis causa*,
les legs et les affranchissements fidéicommissaires; cela
résulte du principe que ces libéralités ne sont dues que
sur les biens qui restent *deducto ære alieno*. Nous verrons plus loin pourquoi il n'en est pas ainsi des affranchissements directs par testament.

Pour tous les autres actes une seconde condition est
nécessaire : il faut que le débiteur, en faisant l'acte
frauduleux, ait eu le *consilium fraudandi*. « *Fraudis*
» *interpretatio,* » nous dit la loi LXXIX, de *Regulis ju-*
ris, « *semper in jure civili non ex eventu duntaxat, &*
» *et consilio quoque desideratur.* »

Mais en quoi consiste le *consilium?* Dans la seule
connaissance de l'insolvabilité; et il n'est pas nécessaire

_____
(1) L. CLXX, *mort. caus. Don.* l. 1, § 1 *Si quid in fr. patr.*

que l'acte soit fait dans le but de nuire aux créanciers
et de les empêcher de recouvrer le montant intégral
de leurs créances; c'est ainsi que Julien décide qu'un
homme qui a des dettes et qui, sans l'intention de frauder ses créanciers, fait don de tous ses biens à son fils,
par cela seul qu'il a su qu'il avait des dettes, a fait un
acte frauduleux contre lequel les créanciers auront l'action Paulienne (1).

On se mettra d'ailleurs à l'abri de toute espèce de
reproche de fraude en demandant le consentement des
créanciers lors du contrat ou leur assentiment après; ils
ne peuvent en effet se prétendre lésés par un acte auquel
ils ont consenti. *Nemo videtur fraudare eos qui sciunt
et consentiunt* (2). Remarquons qu'il est nécessaire que
l'auteur de la fraude soit le débiteur lui-même; c'est
ainsi que, si le *fraudator* a succédé à un autre *fraudator*, et s'il est devenu insolvable, ses créanciers ne
pourront exercer l'action Paulienne à raison des actes
faits par le *fraudator* son auteur (3).

C'est ainsi encore que, si un héritier a fait sur les
biens de la succession des actes frauduleux, alors que
son auteur lui-même avait déjà fraudé ses créanciers,
puis obtient une restitution pour un motif ou pour un
autre, les créanciers auront perdu leur action contre
les actes faits par l'auteur; car le défunt, aux yeux du
droit civil, a eu un héritier, et dès lors ils ont perdu
le droit de vendre les biens en son nom et de constater
ainsi son insolvabilité, et ils n'auront pas l'action à raison des actes faits par l'héritier; car, aux yeux du droit
prétorien, il ne l'a jamais été. Toutefois le préteur, par

(1) L. xvii, § 1.
(2) L. cxlv, *de Reg. juris.*
(3) L. x, § 9.

un motif évident d'équité, leur donne, si toutefois ils n'ont pas suivi la foi de l'héritier, une action utile qui leur permet de faire révoquer les uns et les autres (1).

§ 3. — *A qui compète l'action?*

L'action n'appartient qu'aux créanciers fraudés et à leurs ayants cause, ainsi qu'à leurs héritiers. Jamais ni le débiteur, ni ses héritiers, ne peuvent l'invoquer; l'acte frauduleux n'est pas radicalement nul, il ne pourra être annulé que dans l'intérêt des créanciers et sur leur demande. Il en résulte qu'un créancier qui aurait l'action la perdrait en devenant héritier du débiteur; dès lors il serait valablement obligé vis-à-vis des tiers par l'acte de son auteur.

On ne s'inquiète nullement de la cause de la créance, et l'on donne l'action même à celui qui n'est créancier qu'en vertu d'un fidéicommis (2).

Mais il faut que le créancier l'ait été à l'époque du contrat, ou au moins s'il ne l'est devenu que depuis, que les deniers qu'il a prêtés aient été employés à désintéresser un créancier qui avait l'action, on lui accorde dans ce cas une sorte de subrogation; sans ce moyen il eût été trop facile d'éluder l'édit du préteur.

---

(1) L. x, § 10.

(2) C'est ce qui résulte de la loi xxvii *Qui et a quibus* et de la loi i *Qui manum. vend.* (7, 11). Ces textes seraient conformes à la loi 8 *Qui et a quibus* si on maintenait le texte intégral ou manuscrit. Mais la négation qui s'y trouvait était contraire au texte des Basiliques, et on la supprime communément; dès lors ce texte est contraire à notre décision; mais Cujas pense qu'on doit substituer au mot *fideicommissi* les mots *fraudandorum creditorum.* Il y a là, suivant lui, une erreur qui est la suite d'une confusion d'initiales.

C'est ce qui résulte des lois x, § 1, 15 et 16 *Quæ in fraudem.*

La loi xxv *Qui et a quibus* paraît toutefois contraire. Papinien n'exige pas que les anciens créanciers aient été payés avec les deniers prêtés par les nouveaux. Mais en comparant l'intitulé de cette loi avec celui de la loi xvi *Quæ in fraudem*, on voit d'abord que cette loi xvi était une note de Paul sur la loi xxv, qui commençait par *si* au lieu de *nisi.* Comme Paul ne réfute pas l'opinion de Papinien, il est probable qu'il ne considérait sa formule que comme incomplète.

Les créanciers conditionnels auront-ils l'action ? Oui ; en thèse générale, toutefois, il n'en est pas ainsi de ceux dont la créance a pour cause un legs conditionnel (1) ; je ne vois pas de raison satisfaisante de cette différence, c'est sans doute parce que bien que l'on admette les créanciers *in lucrativa causa*, on les admet cependant plus difficilement ; nous avons pu voir, en effet, qu'il y avait eu difficulté pour l'admission des créanciers *ex causa fideicommissi.*

Certains interprètes du droit romain ont agité la question de savoir, si les créanciers hypothécaires pouvaient faire rescinder par l'action Paulienne l'aliénation de leur gage. On s'est fondé pour leur contester ce droit sur ce qu'ils n'ont pas d'intérêt ; mais je ne crois pas que l'on doive hésiter à repousser cette opinion. En effet, qui peut le plus peut le moins ; quant à l'intérêt il n'est pas douteux, quand le créancier n'en aurait pas d'autre que de ne pas avoir besoin de prouver son hypothèque. Du reste, si leur hypothèque le met à l'abri, ce n'est pas une raison pour leur refuser l'action qu'on accorderait sans doute à celui qui aurait de

_____

(1) L. xxvii *Qui et a quib.*; l. xLiij *pr. d. Obligat. et Act.*

bons fidéjusseurs. Du reste, on acquiert ici une action personnelle que l'on peut exercer même contre celui qui aurait cessé de posséder.

§ 4. Contre qui est donnée l'action.

1° L'action se donne contre les tiers qui ont contracté à titre onéreux, mais seulement dans le cas où ils sont complices de la fraude, où ils ont connu en contractant l'insolvabilité du débiteur. Il ne suffirait pas qu'ils aient su que le *fraudator* avait des créanciers, il faut qu'ils aient su qu'il était hors d'état de les satisfaire. Dans tous les cas, ils seraient passibles de l'action si les créanciers les avaient informés avant le contrat de la position de leur débiteur.

Si nous supposons que le tiers qui a contracté ne connaissait qu'une seule des créances, mais qu'il savait que cette créance était trop forte pour que les biens du *fraudator* pussent suffire à la payer, nous dirons qu'il y a ouverture à l'action ; toutefois, si ce créancier venait à être payé, les autres ne pourraient plus agir, car à leur égard il n'y a pas fraude ; cependant si, avant le paiement, le *curator bonorum* avait intenté l'action, on ne pourrait pas en arrêter l'effet, en offrant de payer le créancier fraudé (1). En voici, je crois, la raison : après l'envoi en possession, la position de tous les créanciers est égale, en sorte que si celui-ci recevait un paiement intégral, il devrait le rapporter à la masse, en sorte qu'il est impossible de le désintéresser sans payer aussi tous les autres.

Pour apprécier si le tiers a été de bonne foi, devra-t-on se placer au moment du contrat ou au moment de la tradition quand il s'agira d'une aliénation ? Je pense

(1) L. x, §§ 7 et 8.

qu'on devra plutôt s'attacher au moment du contrat ; en
effet, c'est de ce moment qu'il est lié envers le *fraudator*
et obligé à exécuter le contrat, dès lors on ne peut
lui reprocher de l'avoir exécuté, s'il a été de bonne foi
en contractant son obligation. Il est vrai que dans la
loi vi, § 8, nous trouvons le mot *suscepit*, mais ceci ne
serait pas suffisant, car on ne paraît pas avoir eu en vue
dans ce texte de trancher la question.

Si le tiers est un pupille, il faudra distinguer s'il a contracté lui-même ou si l'acte a été fait par son tuteur ;
dans ce cas, le pupille sera tenu de l'action si le tuteur a
été complice de la fraude ; mais s'il a fait l'acte lui-même,
il sera tenu dans tous les cas. En effet, s'il a été de
bonne foi, il ne le doit peut-être qu'à son âge et à son
inexpérience, il ne pouvait pas connaître l'insolvabilité
du *fraudator*, et les créanciers ne peuvent souffrir du
choix qu'a fait leur débiteur, et le pupille n'en souffri-
ra jamais, car même, quand il est obligé par la mauvaise
foi de son tuteur, il n'est tenu que *quatenus locupletior*.
C'est ce qui résulte du rapprochement des §§ 10 et 11 de
la loi vi.

Du reste, quand l'action est dirigée contre le tiers
conscius fraudis, il n'est nullement nécessaire qu'il
possède encore, ni même qu'il ait jamais possédé ; il a
nui par son dol aux créanciers, cela suffit. Il sera même
tenu plus rigoureusement s'il s'est mis par son dol dans
l'impossibilité de restituer sur l'*arbitrium* du juge,
alors il sera tenu d'après l'estimation que fera par serment le créancier.

Nous disons qu'il n'est même pas nécessaire qu'il
ait jamais possédé, en voici un exemple : Mon procureur, de complicité avec le tiers qui veut frauder ses
créanciers, donne ordre à mon esclave de lui acheter
tel objet ; comme mon esclave est de bonne foi et que je

le suis aussi, je ne suis nullement passible de l'action;
au contraire, mon procureur, qui n'a tiré de l'opération
aucun profit, sera seul exposé au recours des créanciers.

2° L'action se donne sans distinguer leur bonne ou
leur mauvaise foi contre ceux qui ont reçu à titre gratuit. Ainsi, les donataires, les débiteurs à qui l'on a fait
acceptilation sont tenus de l'action, bien qu'ils aient
ignoré l'insolvabilité; de leur part il y a dol à vouloir
conserver leur bénéfice alors qu'il leur a été attribué
par un débiteur qui voulait frauder ses créanciers. Cependant si l'on avait fait acceptilation à un débiteur, son
fidéjusseur ne serait pas considéré comme un donataire;
il évite plutôt une perte qu'il ne fait un gain, puisqu'il
n'a pas reçu l'équivalent de son obligation.

Il ne faut pas croire cependant que la bonne ou mauvaise foi des acquéreurs à titre onéreux soit indifférente;
elle a une grande importance au point de vue de l'étendue de la restitution, comme nous le verrons plus loin.

Faut-il comprendre dans cette théorie les paiements?
doit-on dire que le créancier payé devra rapporter quand
il aura été payé par un débiteur dont il connaissait l'insolvabilité et qui avait en vue en le payant de lui faire un
avantage? doit-on même aller jusqu'à voir dans ce paiement une véritable libéralité, ou, rejetant ces deux systèmes, dira-t-on avec Pothier que celui qui a reçu ce qui
lui est dû doit dans tous les cas être à l'abri?

C'est ce dernier système que nous préférons. Nous allons tenter de réfuter successivement les deux autres
qui ont trouvé en Allemagne de nombreux partisans.

On s'appuie d'abord, pour assimiler les paiements
aux actes à titre onéreux, sur la généralité des termes de
l'édit *quæ fraudationis causa gesta erunt*; ils sont sans
doute assez étendus pour comprendre les paiements,

on peut même concevoir à la rigueur que le créancier qui reçoit d'un insolvable puisse être considéré comme étant de mauvaise foi; c'est même la théorie qui est adoptée par l'art. 447 de notre Code de Commerce; mais les jurisconsultes Romains ne l'entendaient pas ainsi. *Nil dolo facit*, disaient-ils, *qui suum recipit* (1), et Ulpien est plus formel encore dans la loi vi, § 7, dans laquelle il repousse formellement cette théorie; dans la loi xxiv, Scœvola n'est pas moins formel. Le créancier, dit-il, n'est pas à blâmer d'avoir veillé à ses intérêts, *jus civile vigilantibus scriptum est*. La loi x, § 16, décide aussi clairement dans le même sens. — Toute la théorie contraire s'appuie sur la loi xxv, § 1. L'action, dit Venuleius, n'est pas donnée contre le mari de bonne foi, pas plus que contre le créancier qui a reçu ce qui lui est dû; on en conclut que le créancier est assimilé au mari, et que par conséquent il sera tenu comme l'est le mari s'il a reçu de mauvaise foi. On voit du premier coup d'œil l'inexactitude de ce raisonnement, car ce n'est pas au mari que Venuleius assimile le créancier, mais au mari de bonne foi. Quant à la loi xcvi *de Solutionibus* que l'on invoque à l'appui, il suffit de remarquer que le créancier n'a pas été payé avec les deniers du débiteur, et c'est pour cette seule raison que l'on donne contre lui l'interdit fraudatoire; s'il eût été payé avec les deniers du débiteur, il serait parfaitement à l'abri de toute action; car, nous l'avons vu, il ne s'agit pas dans ce texte d'un paiement en fraude des droits des créanciers.

A plus forte raison repousserons-nous la théorie qui consiste à voir dans tous les paiements faits avec l'intention d'avantager ceux qui les reçoivent, des libéralités.

---

(1) L. cxxix d. *Reg. juris.*

Sans doute on peut dire en raisonnant très-rigoureuse-
ment qu'il y a ici donation de l'avantage que le créancier
payé aura sur les autres qui, au lieu de l'intégralité
de leur créance, ne recevront qu'un dividende; il n'y
aurait encore, au point de vue législatif, aucune inconséquence ni aucune injustice à décider ainsi, et nous verrons même que c'est une théorie que notre législation
commerciale a longtemps admise; mais tel n'était pas
le système des jurisconsultes romains.

Cependant cette théorie est soutenue par de nombreux jurisconsultes, on l'appuie sur la première partie
de la loi XXIV *Quæ in fr.* et sur la loi VI, § 2 *de Reb. auct.*
jud. poss. qui ne fait que répéter sa décision. Et l'on ne
peut pas contester que dans le cas spécial d'un pupille
héritier sien qui vient de s'abstenir après que son tuteur
a eu fait quelques paiements, cette règle ne soit juste;
mais c'est que dans ce cas il est de principe de ne valider que les actes que le pupille a faits de bonne foi.
(L. XXXXIV *de Adq. hered.* L. VI, § 1, *de reb. auct. jud.*),
et la raison s'en comprend facilement, c'est que dès que le
défunt n'a pas en réalité d'héritier, la position des créanciers doit en principe être fixée du moment de la mort;
c'est là la règle générale, c'est beaucoup de valider les
actes faits de bonne foi, et il n'est pas possible de déro-
ger à la règle pour valider des actes frauduleux.

Cependant Pothier lui-même, tout en décidant comme
nous, qu'en règle générale le créancier qui reçoit ce qui
lui est dû est à l'abri de toute action, admet comme
exception à ce principe que s'il était arrivé que deux
créanciers eussent montré dans leur poursuite la même
diligence et que le débiteur eût préféré l'un des deux,
celui-ci serait tenu de l'action Paulienne; mais je crois
que cette définition est arbitraire et qu'elle eût été repoussée par les Romains.

Nous avons toujours supposé qu'il s'agissait d'une dette échue, car au cas d'une dette non échue il y a évidemment libéralité ; le créancier ne peut pas dire *meum recepi*, car payer trop tôt c'est payer trop. Certains jurisconsultes ont décidé que toute la dette devrait être rapportée ; cette décision est sévère, sans doute on peut l'appuyer sur le sens littéral de la loi x, § 12 et de la loi xvii, § 2 ; mais cependant ces textes ne paraissent pas avoir eu en vue cette hypothèse. Je pense que l'on ne pourra demander au créancier que l'*inter usurarium*, car après l'avoir rendu, il pourra dire pour le reste *meum recepi*.

Nous pouvons remarquer d'ailleurs, que les jurisconsultes romains n'étaient pas à cet égard d'une rigueur excessive, et l'on eût sans doute étendu à notre matière la décision donnée à l'égard de l'action Pabienne qui validait les donations rémunératoires que l'on ne considérait pas d'ailleurs comme de véritables donations (1).

Mais il est certains contrats qu'il est difficile de classer : sont-ils à titre onéreux, sont-ils à titre gratuit ? Un des plus importants pour lesquels cette difficulté se présente est le contrat de constitution de dot.

A l'égard du mari, aucun doute, le contrat est à titre onéreux, on suppose qu'il n'eût pas épousé *indotatam uxorem ;* en conséquence, il ne sera tenu de restituer la dot aux créanciers que s'il est *conscius fraudis.* Mais en rendant la dot aux créanciers, est-il libéré vis-à-vis de la femme, perd-elle son action *rei uxoriæ?* Sans doute, l'action Paulienne n'est pas *pœnæ nomine, sed rei restituendæ causa.*

---

(1) L. ix *Si quid in fr. ;* L. xxv, § 11 *de Hered. pet. ;* L. vii *d. Donat.*

Mais la réciproque ne serait pas vraie et la restitution de la dot à la fille ne le libérerait pas vis-à-vis des créanciers. On sait en effet que dans l'action Paulienne *in factum*, le fait de la possession est tout à fait indifférent. Ainsi donc, le mari, bien que l'ayant perdue, n'en sera pas moins tenu envers les créanciers. Mais aura-t-il un recours contre la femme?

Il semble qu'il a payé l'indu et que par conséquent il ait droit à répétition; mais il ne faut pas s'arrêter à cette solution, car il est de mauvaise foi, il sait que ce n'est pas à la femme, mais aux créanciers qu'il doit la dot. Or, *ei qui sciens solvit non competit condictio.* De plus, s'il y a été contraint par l'exercice de l'action *rei uxoriæ*, une autre raison s'opposera à ce qu'il ait la *condictio*, c'est que ce qui a été payé en exécution d'une condamnation ne peut être répété (1).

A l'égard de la fille aucune difficulté, les Romains n'avaient pas imaginé de dire comme notre jurisprudence, que la donation faite en vue du mariage est à son égard un contrat onéreux, la fille même de bonne foi sera tenue de l'action et elle devra restituer la dot dès qu'elle sera revenue entre ses mains. Toutefois, si elle est de mauvaise foi, elle sera tenue plus rigoureusement, et elle devra immédiatement, avant que la dot lui soit rendue, pendant que le mari en jouit encore, garantir la restitution (2).

Pour les acceptilations, elles étaient tantôt à titre gratuit, tantôt à titre onéreux, selon que le *fraudator*

_____

(1) Venuleius, dans la loi xxv, décide en ce sens la question dans le cas où il y a *judicium;* il la pose sans la résoudre dans le cas où la restitution aura été volontaire. — Pothier décide comme nous venons de le faire.

(2) L. xxv, § 2.

en avait entendu ou non tirer quelque avantage.

La remise d'un gage, même faite à titre gratuit, n'était pas considérée comme une libéralité. Les Romains les permettaient entre les époux (1).

3° L'action se donne encore contre les héritiers des personnes qui ont profité des actes frauduleux, mais ils ne sont jamais tenus que de ce dont ils profitent. Cela tient à ce que l'action a pour motif le dol. Cette décision de la loi vm *Quæ in fr.* est d'ailleurs conforme au principe général de la loi xxxv *de Oblig. et Act.* Il paraîtrait même que d'abord l'action ne se donnait jamais contre l'héritier, et que ce n'est que plus tard que le préteur Cassius la donna dans cette limite.

4° Il y a encore lieu à l'action contre certains sous-acquéreurs.

Pour qu'il y ait lieu à l'action contre un sous-acquéreur, il faut qu'il soit coupable d'un dol qui ait préjudicié aux créanciers, car l'action n'a pas d'autre cause de ce principe; nous pouvons déduire les conditions suivantes hors desquelles aucun sous-acquéreur n'aura à craindre l'action Paulienne.

1° Il faut que l'action ait pu être donnée contre le premier acquéreur, car une seconde aliénation qui n'émane pas du *fraudator* ne peut faire naître l'action.

2° Il faut que le sous-acquéreur ait acquis dans des conditions telles, que si son auteur eût été le *fraudator* lui-même, il eût été exposé à l'action. Ainsi il faut qu'il ait su que la première aliénation était faite en fraude des créanciers, à moins qu'il n'ait acquis lui-même à titre gratuit.

Tout acquéreur à titre onéreux de bonne foi n'a rien

_____

(1) L. xv111 *Quæ in fr.*; L. xi et xxi *ad Sc. Vell.*

à craindre, car c'est un principe général que le dol de son auteur ne peut lui nuire (1).

5° Les créanciers peuvent encore intenter l'action contre le maître ou le père de famille qui ont acquis par un esclave ou par un fils, mais seulement quand ceux-ci sont passibles de l'action. Dans ce cas on distinguera pour l'étendue de l'action, si le maître ou le père est ou non de bonne foi. S'il est de bonne foi, l'action ne sera donnée que *de peculio* ou *de in rem verso;* s'il est de mauvaise foi, elle sera donnée *in solidum.*

6° Subsidiairement l'action est encore donnée contre le *fraudator,* mais seulement au cas où il a disposé frauduleusement d'une partie de ses biens de façon à ce que les créanciers ne puissent en aucune manière les recouvrer. Méla n'avait pas pensé que l'action pût être donnée contre le *fraudator :* Il était injuste, disait-il, de donner une action contre celui à qui on a enlevé ses biens. Mais, dit Venuleius, on donnera cependant l'action contre lui, car le préteur, en la donnant, a eu plutôt en vue la punition du débiteur que l'intérêt des créanciers.

En règle générale on ne donne contre le débiteur aucune action pour des faits antérieurs à la *venditio bonorum;* ici c'est par exception à ce principe que l'action est donnée; on n'a pas voulu que le débiteur qui a fraudé ses créanciers puisse jouir de ses nouveaux biens immédiatement après la vente des autres. Toutefois l'action ne sera donnée contre lui que *in quantum facere potest vel dolo malo fecit quominus possit* (2).

Bien entendu, ce bénéfice de compétence est moins étendu que celui du donateur, et on ne laissera pas au

(1) L. ix *Quæ in fr.*; L. iv, § 27 *de Doli exceptione.*
(2) C. vi (7, 75).

fraudator ne egeat deducto œre alieno; on sait, en effet, que la loi CLXXIII *de Reg. juris* est altérée, car la loi XIX, § 1 *de Re judicata,* tirée comme elle du liv. VI de Paul *ad Plautium* et conforme à la loi XXX *de Re judicata,* lui est contraire.

7° Le père dont le fils a fait sur son pécule des actes frauduleux avec son consentement, est un véritable *fraudator* et sera tenu comme tel (1).

§ 5. *Du but et des effets de l'action.*

Generaliter sciendum est, dit la loi X, § 22, *ex hac actione restitutionem fieri in pristinum statum.* L'action a donc pour but de ramener les choses à l'état primitif.

Ainsi s'il s'agit d'une obligation éteinte par une acceptilation frauduleuse, on aura l'action contre le débiteur libre pour le contraindre à s'obliger de nouveau ; c'est du moins l'ordre que lui donnera l'*arbiter*: s'il refuse, il sera condamné à l'intérêt qu'auraient les créanciers à ce qu'il soit encore obligé. Mais, s'il consent, il pourra dans son obligation nouvelle se réserver la même condition ou le même terme qu'il avait auparavant.

Celui qui par suite du contrat frauduleux a acquis une action est tenu de la céder, ainsi celui dont le mandataire a reçu la chose du *fraudator* en exécution de son mandat devra abandonner son action *mandati.*

Enfin, s'il s'agit d'une aliénation, *res restitui debet cum omni causa.* Il faut distinguer cependant entre les donataires de bonne foi et tous les autres acquéreurs; les premiers ne sont jamais tenus que *quatenus locupletio-*

(1) L. XVI, H. t.

res, en sorte qu'ils n'ont à restituer que ce dont ils se sont enrichis. Nous allons voir diverses applications de cette distinction.

Les choses, avons-nous dit, doivent être remises dans l'état où elles seraient s'il n'y avait pas eu d'aliénation; il en résulte que les fruits même perçus pendant le temps intermédiaire entre l'aliénation et la *litis contestatio* doivent être rendus. C'est, en effet, la décision que nous trouvons dans divers textes (L. xxxviii, § 4, *de Usuris;* L. x, § 20, *Quæ in fr.*) Tous les fruits, même ceux que le défendeur n'a pas perçus, s'il a dû les percevoir, devront être restitués. Il en sera de même du part né dans l'intervalle.

Mais telle n'est pas la décision de Venuleius (L. lxxxv, §§ 4 et 5, *Quæ in fr.*) Suivant lui, on ne doit restituer que les fruits vendus avec la chose ou perçus *post incohatum judicium.*

D'un autre côté, la loi i, § 28, *Si quid in fr. patroni* nous dit en parlant de l'action Fabienne, que la loi xxxviii *de Usuris* assimile à l'action Paulienne à l'égard de la restitution des fruits, que l'on devra restituer les fruits perçus après la *litis contestatio,* tandis que la loi ii, qui suit immédiatement, dit que tous les fruits sont dus. Remarquons de plus, que la loi i est d'Ulpien comme notre loi x, avec laquelle elle est en contradiction.

Voet, ne s'occupant que de la loi xxv, a pensé que la décision de ce texte est relative aux possesseurs de bonne foi; sans doute, cette idée est exacte, il est vrai de dire que les possesseurs de bonne foi gagnent les fruits, et je serais très-porté à admettre cette conciliation entre la loi x, § 22, la loi ii *Si quid in fr.*, et la loi i, § 28 au même titre (1). Mais je ne pense pas que ce soit l'hypothèse

_____

(1) L'hypothèse de possesseurs de bonne foi sera du reste

que Venuleius a eue eu vue dans la loi xxv. Rien, en effet,
ne permet de supposer qu'il ait entendu parler des acquéreurs de bonne foi. Bien plus, dans les quatre para-
graphes qui précèdent, il s'est toujours occupé d'acquéreurs de mauvaise foi. Enfin, et ceci est décisif, remarquons que le texte de Venuleius, appliqué aux tiers de
bonne foi, ne serait pas conforme aux principes. En effet,
le possesseur de bonne foi conserve même les fruits et
la part qui leur ont été vendus avec la chose, comme le
décide formellement la loi xlviii, § 2, *de adquirendo re-
rum dominio*. Concilier ainsi les textes dont nous nous
occupons, ce serait ne sortir d'une antinomie que pour
tomber dans une autre.

Nous préférons la conciliation de Cujas ; selon lui, la
loi xxv est relative non pas à l'action Paulienne, mais
à l'interdit fraudatoire, elle est, en effet, tirée de l'ou-
vrage de Venuleius sur les interdits ; et, comme nous
l'avons vu, la décision que donne ce texte est parfaitement conforme aux règles qui régissent les interdits
recuperandæ possessionis. Il est vrai que d'un bout à
l'autre, la loi xxv suppose une action, mais si nous remarquons que, pas une seule fois dans tout notre titre,
on ne rencontre le mot *interdictum*, il est permis de
supposer qu'au temps de Justinien, l'interdit fraudatoire n'était jamais employé par les créanciers, et il est
naturel que l'on ait appliqué, peut-être au moyen d'une
correction, à l'action Paulienne les théories des jurisconsultes sur cet interdit. Ainsi donc, on doit, je pense,
admettre l'idée de Voet pour concilier les lois xxviii,
x, §§ 22, 2, *Si quid in fr.* avec la loi i, § 28, au même

---

plus fréquente dans les cas où il y a lieu à l'action Fabienne ; car
on la donne contre tous les acquéreurs de bonne foi, sauf à restituer le prix à ceux qui l'auraient payé.

titre ; mais il faut avoir recours à la théorie de Cujas, pour ne pas voir d'antinomie entre la loi x et la loi xxv *Quæ in fraudem*.

Dans tous les cas, on tiendra compte au défendeur de ses impenses suivant les règles générales, on distinguera entre les dépenses nécessaires, utiles et voluptuaires et entre les possesseurs de bonne et de mauvaise foi.

Le tiers de mauvaise foi, acquéreur à titre onéreux, aura-t-il droit à la restitution du prix qu'il a payé ? Non, nous répondent Paul et Proculus dans la loi vii, il est coupable de dol, et même si le prix a tourné au profit des créanciers, il ne pourra l'exiger. Seulement si la somme qu'il a payée se retrouve encore en *nature* (*nummi soluti*) dans les biens du *fraudator*, elle devra lui être rendue. Cette décision est singulièrement rigoureuse, et il pourra arriver que les créanciers s'enrichissent aux dépens des tiers.

§ VI. *De la durée de l'action.*

L'action Paulienne dure une année utile, mais à partir de quel moment comptera-t-on ce délai ? La question est controversée.

Certains auteurs (parmi nos jurisconsultes français Proudhon et tout récemment M. de Fresquet) ont soutenu que l'année courait du jour de l'acte frauduleux. On se fonde sur ce que la prescription des actions prétoriennes était généralement très-courte ; or ici elle serait dans certains cas très-longue si les créanciers avaient laissé passer un délai considérable sans demander l'envoi en possession. Si l'on objectait que les créanciers ne peuvent agir qu'à partir de l'envoi en possession, et que la prescription date d'après l'édit de *l'experiundi potestas*, il serait facile de répondre que si les créanciers ne peuvent agir qu'après l'envoi en possession, ils peuvent au moins obtenir l'envoi en possession dès qu'il est certain que le débiteur est insolvable, c'est-à-dire immédiatement après l'acte frauduleux. Ces considérations, si spécieuses qu'elles puissent être, ne auraient faire prévaloir cette opinion contre plusieurs textes qui décident formellement que le délai courra de la *venditio bonorum* (L. vi, § 14, et surtout L. x, § 18).

Mais quand nous disons que l'action ne dure qu'un an, nous voulons dire qu'elle ne conserve que pendant ce temps son plein et entier effet. Elle est encore donnée après l'année, mais alors seulement *quatenus locupletior*, même contre un défendeur de mauvaise foi. Le préteur n'a pas voulu que celui qui s'est enrichi par fraude puisse conserver cet avantage.

Si les biens sont donnés à un tiers après la mort du *fraudator, libertatum servandarum causa*, l'action cesse, car les créanciers ont un débiteur et des cautions, ils n'éprouvent donc plus aucun préjudice (1).

CHAPITRE III.

DES AFFRANCHISSEMENTS FAITS EN FRAUDE.

Les affranchissements devaient être une des fraudes les plus fréquentes aux droits de créanciers; un débiteur insolvable, prêt à voir ses créanciers envoyés en possession de ses biens, devait naturellement profiter des derniers moments de son administration pour don-

(1) L. x, § 17.

ner à ses esclaves favoris une liberté dont ses créanciers faisaient les frais. D'un autre côté, ces fraudes si fré-quentes échappaient, comme nous l'avons vu, à l'autorité du préteur, qui n'osait pas rescinder les affranchisse-ments. Aussi quand la loi Ælia Sentia fut portée (757) pour délivrer la République d'une classe indigne de ci-toyens, y inséra-t-on une disposition qui déclarait nuls de plein droit les affranchissements faits en fraude des créanciers (L. xxvi *Qui et a quibus*). En même temps on déclarait nuls les affranchissements faits par un affranchi en fraude des droits de succession de son patron. Plus tard un sénatusconsulte étendit ce chef de la loi aux *peregrini* (1).

Ici encore les principes sont à peu près les mêmes. Ainsi l'affranchissement ne sera nul que si de la part du débiteur il y a *consilium fraudandi* et s'il y a préjudice causé aux créanciers.

Ceci avait cependant été contesté ; on avait soutenu qu'il suffisait du préjudice et que, dès que les créanciers étaient frustrés, l'affranchissement était nul ; mais cette opinion n'avait pas prévalu. Et c'est en suivant le texte de Gaïus dans lequel il expose cette opinion (L. x *Qui et a quibus*) que Justinien nous donne la décision con-traire. Par inadvertance même il donne à l'appui de sa décision les motifs que Gaïus donnait à l'appui de la décision contraire. Nous trouvons déjà la décision de Justinien dans les lois xv *Quæ in fraudem*, 4, § 19 *de fidec. libert.* et dans la Const. I, *Qui manum non poss.*

Cependant, comme nous l'avons déjà dit, le *consilium fraudandi* n'est pas exigé pour les affranchissements fidéicommissaires, car pour eux il n'est pas nécessaire

----

(1) Sous Adrien. G. 1, 47.

d'invoquer la loi Ælia Sentia : dès que le débiteur est insolvable, l'exécution du fidéicommis de la liberté est impossible. Au contraire, quand l'affranchissement est fait directement par le testament, la liberté est acquise du jour de la mort, et une seule chose peut y faire obstacle : la loi Ælia Sentia.

Ainsi donc dans tous les cas où il y a lieu à l'application de la loi Ælia Sentia, il faudra deux conditions : le préjudice et le *consilium fraudandi*.

Pour les affranchissements testamentaires il peut se présenter quelques difficultés sur le moment où l'on se placera pour apprécier le préjudice ou le *consilium*.

Ainsi si l'affranchissement est fait par codicille confirmé par testament, doit-on exiger le *consilium fraudandi* à l'époque du codicille, ou à la date du testament dont le codicille tient toute sa force ? Ce sera au moment du codicille, car il y a là une question d'intention que l'on ne peut apprécier qu'en se plaçant au moment où cette intention a été exprimée (1).

Quant à l'appréciation du préjudice, elle ne se fait pas au moment même de la mort, car les augmentations ou les diminutions de l'hérédité profitent ou nuisent aux affranchissements; mais on se place au moment de l'adition d'hérédité. Dès ce moment le sort des esclaves affranchis est fixé : si l'hérédité est solvable, ils sont libres; si elle est insolvable, ils resteront esclaves, alors même qu'un riche héritier aurait fait adition et que par conséquent les créanciers assurés du paiement n'auraient aucun intérêt à revendiquer les esclaves. Cette décision paraît quelque peu bizarre, car la loi Ælia Sentia prononce la nullité de l'affranchissement dans l'in-

(1) L. vii pr. *Qui et a quib.*; L. iv *de Jure codic.*

térêt des créanciers et 'elle ne sera prononcée ici que dans l'intérêt de l'héritier. Peut-être l'intention des jurisconsultes romains a-t-elle été, tout en restant dans les termes stricts de la loi Ælia Sentia, d'accorder à l'héritier cet avantage que dans le cas où le testateur mourant insolvable aura laissé la liberté à ses esclaves dans le but de frauder ses créanciers, il ne soit tenu des affranchissements que jusqu'à concurrence des biens, peut-être aussi a-t-on voulu encourager l'adition d'hérédité (1).

Certains jurisconsultes allaient plus loin, et décidaient que l'affranchissement serait nul dans cette espèce : le testateur a dit que Stichus soit libre lorsque mes dettes seront payées, et il est mort insolvable. Mais Gaïus, prêtant à tort cette opinion à Julien, qui décide comme lui dans la loi v, § 1 *Qui et a quibus*, critique cette décision, et la repousse avec Sabinus et Cassius, par ce motif qu'une condition semblable exclut le *consilium fraudandi*. Javolenus (l. xxxix, § 1 *de Statu liberis*), citant Labéon et Ofilius, donne la même décision.

Si dans la même espèce on changeait la condition et on la remplaçait par celle-ci : *lorsqu'il aura payé sa valeur*, qu'arriverait-il si, le testateur étant mort insolvable, un étranger offrait le prix de l'esclave? Il ne serait pas libre (2), en vertu du principe que c'est par les seules forces de l'hérédité que l'on doit apprécier le préjudice causé aux créanciers : *Si heres locuples non proficit ad libertatem, nec qui dat pecuniam prodesse potest.* Ne peut-on pas critiquer cette décision, et dire

----

(1) L. v pr.; L. xviii *Qui et a quib.*; L. xxxix *de Statu lib.*; L. lvii *de Manum. testam*; C. 5 *de Test. manum.*

(2) L. xviii, § 1 *Qui et a quib.*

qu'ici aussi la condition exclut le *consilium fraudandi* ?
Non, car ici le testateur a entendu que l'esclave paie-
rait sa valeur avec son pécule.

On décidait que je causais un préjudice à mon
créancier, si n'ayant pour tout bien que mes deux esclaves, Stichus et Pamphile, et ayant promis l'un des
deux à mon choix, j'affranchissais Stichus. On pouvait dire, sans doute, que je ne faisais par cet affranchissement qu'exercer mon choix, mais je n'en avais
pas moins porté atteinte à la position de mon créancier,
car il avait deux chances, au lieu d'une, d'être payé
avant l'affranchissement, maintenant la mort de Pamphile éteindrait ma dette. En conséquence, Julien décidait que l'affranchissement de Stichus n'était pas valable (1).

Bien que ce ne soit pas la loi Ælia Sentia qui mette
obstacle à l'affranchissement de l'esclave hypothéqué,
nous devons cependant nous en occuper ici. Un ancien
fragment connu sous le nom de *Disputatio forensis de
manumissionibus* décide (§ 16), que l'esclave hypothéqué peut être affranchi par un débiteur solvable ; mais
il se trouve en contradiction avec divers textes du Digeste et du Code (l. III *de Manum.*, IV *Qui et a quib.*,
XXVII, § 1, cod. 44, § 7 *de Lig.* 1° C. 1 *de Servo pig. dato manumisso*), d'après lesquels l'affranchissement est
nul, évidemment par suite de l'imperfection du droit
du *manumissor*. Mais ces textes n'ont trait qu'à l'esclave hypothéqué spécialement, et il est probable que
le § 16 de la *Disputatio*, comme la loi XXXIX pr. *Qui et
a quib.*, les Const. 2 et 3 *de Servo pig. dato*, s'occupe de

(1) L. V, § 2 *Qui et a quib.* Remarquons que le débiteur n'a
que ces deux esclaves, sans quoi il y aurait contradiction avec la
loi XCXI, § 1 *de verb. Oblig.*

l'esclave qui n'est frappé que d'une hypothèque générale ; celui-ci au point de vue de l'affranchissement est
sous l'empire du droit commun, la loi Ælia Sentia
peut seule y mettre obstacle. La raison en était, sans
doute, que l'hypothèque générale était facilement restreinte, et qu'ici, par exemple, on pouvait supposer
une convention tacite d'en exempter ceux qui seraient
affranchis. (Arg. de la loi vi *de Pignoribus*.)

L'affranchissement rescindé par suite de la loi Ælia
Sentia, l'esclave rentre dans le patrimoine du débiteur ; il n'y a pas ici d'action à exercer, on n'aura qu'à
dénier la liberté à l'esclave, et si celui-ci intente la
causa liberalis, il devra succomber. Il en résulte que la
loi Ælia Sentia profite à tous ceux qui ont des droits
sur le patrimoine du *manumissor*.

Dans quel ordre seront révoqués les affranchissements ? En général, ce sera par ordre de dates, car si de
deux affranchissements l'un a été fait en fraude des
créanciers, c'est évidemment le dernier, car auparavant le débiteur était encore solvable ; mais cependant si
nous supposons qu'un débiteur laisse un passif supérieur
à l'actif de 100, la valeur du dernier esclave affranchi
est de 75, celle du précédent est de 100 : nous nous
écarterons de la règle générale, car si on la suivait, il
faudrait rescinder les deux affranchissements, et le plus
récent serait inutilement invalidé, puisque la valeur de
l'esclave antérieurement affranchi, et dont l'affranchissement sera nul dans tous les cas, suffit pour couvrir le
déficit. Il est donc équitable de décider que celui-ci
seul sera nul ; par ce moyen l'un des deux conservera
la liberté sans qu'il en résulte aucun préjudice pour qui
que ce soit.

La loi Ælia Sentia proclamant la nullité radicale des
affranchissements, il semble qu'aucun délai ne puisse

améliorer la position de l'esclave ; cependant la loi xvi
§ 3 *Qui et a quib.* nous dit que si le débiteur du fisc a
affranchi frauduleusement un esclave, l'affranchissement sera valable si l'esclave a été longtemps (au moins
dix ans) en liberté. Il serait difficile de se prononcer sur
la question de savoir si l'on doit étendre cette décision
ou si elle est spéciale aux affranchissements faits par
les débiteurs du fisc.

Dans tous les cas un paiement postérieur valide l'affranchissement.

Enfin, l'*addictio libertatum servandarum causa* les
valide encore. Elle fut introduite par un rescrit de
Marc-Aurèle, pour le cas où un *manumissor* étant dé-
cédé insolvable, alors qu'il y a lieu à faire déclarer
nuls les affranchissements testamentaires et même ceux
qui ont été faits entre vifs depuis le moment où il a
connu son insolvabilité, l'un des esclaves ou un tiers
offre de prendre les biens en payant tous les créanciers
et en maintenant les affranchissements. — S'il exige
que les esclaves affranchis par le défunt soient ses affranchis (1), on ne lui refusera pas cet avantage.

Justinien a favorisé plus encore l'*addictio* (2), elle
pourra avoir lieu même alors que l'on ne promettrait
le paiement que d'une partie des créances et le main-
tien que d'une partie des affranchissements ; il faudra
toutefois, dans le premier cas, le consentement des
créanciers, et dans le second, s'il restait des biens
après le paiement des dettes, les autres affranchissements devraient être maintenus.

De plus, celui qui offrira les conditions les plus avan-
tageuses sera toujours préféré, même après l'envoi en

(1) L. iv, § 12 *de Fideic. lib.*
(2) C. xv *de Testam. Manumissione.*

possession d'un autre, pourvu qu'il ne remonte pas à une année, car on ne serait plus dans le délai ordinaire pour demander l'*addictio*. Mais si l'envoyé dépossédé était un des affranchis, il devra toujours être assuré de la liberté.

Dans l'intervalle entre l'affranchissement frauduleux et le moment où il sera réclamé en vertu de la loi Ælia Sentia, l'esclave est *statu liber*, libre à condition que les créanciers n'useront pas du bénéfice de la loi.

Au principe que l'on ne peut affranchir en fraude de ses créanciers, la loi Ælia Sentia elle-même avait apporté une exception. Un insolvable pouvait laisser à son esclave la liberté testamentaire pour l'instituer en même temps son héritier. Mais alors l'esclave n'était appelé à l'hérédité, et par conséquent n'était libre, que s'il n'y avait aucun autre héritier inscrit sur le testament, ou si tous les institués et substitués même placés après lui avaient répudié l'hérédité (1).

Mais l'on ne peut jamais instituer qu'un seul héritier nécessaire ; si l'on en avait institué deux, même dans un testament militaire, le premier inscrit serait seul libre et héritier. Si par hasard les deux institués portaient le même nom, l'institution était nulle, à moins que l'un des deux ne fût mort avant l'ouverture du testament (2). Remarquons que la règle catonienne ne pouvait faire obstacle à cette décision, car les mots *ante apertas tabulas* (l. LXIII *de Her. Inst.*) nous montrent que nous sommes sous le régime de la loi Papia.

Nous avons terminé l'étude de la législation romaine

(1) Inst. 1, 6, § 1 ; L. LVII *de Hered. Instit.*

(2) Ces idées résultent des lois VIII, § 1 *Qui et a quibus;* XV *de Test. militari;* LX, XLII et XLIII *Hered. Inst.;* Ulp. *Reg.* 1, § 14.

sur notre sujet, résumons-en les points principaux.

L'action (en mettant à part la *restitutio in integrum*) se fonde sur le dol du défendeur; elle est par conséquent personnelle; elle s'exerce contre tous les actes par lesquels le débiteur diminue son patrimoine, et dans ceux-ci l'on ne comprend pas les renonciations; l'acte n'est attaquable que s'il a préjudicié aux créanciers; et s'il a été fait dans le but de leur préjudicier, l'action ne se donne contre les acquéreurs à titre onéreux que s'ils sont de mauvaise foi; elle se donne toujours contre les acquéreurs à titre gratuit, mais ses effets sont plus ou moins étendus, suivant qu'ils sont ou non de mauvaise foi; enfin, sa prescription est très-courte.

Voyons maintenant ce que sont devenus chez nous ces principes.

SECONDE PARTIE.

DROIT FRANÇAIS.

Chez les Romains, le commerce, peu développé d'abord, fut toujours abandonné aux esclaves et aux affranchis ; jamais il ne fut en honneur, la législation s'en occupa très-peu ; les lois Rhodiennes et le droit civil réglementèrent toutes les transactions commerciales.

Au point de vue de notre matière on ne distingua jamais entre les débiteurs obligés civilement, et ceux dont les dettes avaient leur cause dans des opérations commerciales. Cette distinction ne date que du moyen âge, où elle s'introduisit dans les républiques italiennes ; elle ne pénétra chez nous qu'à la fin du xviie siècle, mais elle se développa rapidement. Nous traiterons séparément des règles qui concernent tous les débiteurs, et de celles qui sont spéciales aux débiteurs commerçants.

CHAPITRE PREMIER.

ANCIEN DROIT CIVIL FRANÇAIS.

Un ancien auteur, Rousseau de Lacombe (1), a nié que l'action Paulienne eût lieu dans notre droit français,

(1) Jurisprudence civile, v° Fraude.

mais aucun autre n'a douté qu'elle ne fût admise. De
Serres, Boutaric, Furgole, Ricard et Pothier, tous les
jurisconsultes que nous sommes habitués à regarder
comme les meilleures autorités sont d'accord sur ce
point. Du reste, Rousseau de Lacombe lui-même, en
ajoutant ces mots : « Nos usages sont même contradic-
toirement opposés aux lois romaines sur ce point : nous
accordons au créancier le droit d'accepter à ses risques
et périls une succession à laquelle son débiteur a renoncé, » ne donnait-il pas un exemple d'une véritable
action Paulienne, plus large même que celle du droit
romain ?

Non-seulement l'action Paulienne fut admise, mais
la jurisprudence en étendit même l'application. On
conserva le principe romain, on refusa l'action contre
les actes qui n'avaient pas diminué le patrimoine du débiteur, mais on l'interpréta autrement. Ainsi, la renonciation à une succession ou à un legs fut considérée
comme diminuant le patrimoine du débiteur, et ce fut
avec raison. Une de nos coutumes, la sage coutume de
Normandie, s'en expliquait même formellement dans
son art. 278 pour les renonciations à succession : Créanciers sont subrogés à accepter la succession échue à leur
débiteur. Ainsi l'aliénation que le débiteur a faite de
son droit d'accepter n'a d'effet qu'à son égard, ses
créanciers peuvent la considérer comme non avenue et
sont subrogés à accepter en sa place.

Malgré l'opinion contraire de Dumoulin, qui voulait
que sur ce point l'on suivît les lois romaines, le parlement
de Paris admit cette règle de raison et d'équité. La jurisprudence se fixa en ce sens dès la fin du xvie siècle (1).
La plupart des parlements, même dans les pays de droit

(1) Arrêt du 28 mars 1589 rapporté par Louet.

écrit, l'acceptèrent également; quelques-uns seulement, comme les parlements de Toulouse et de Flandre, y résistèrent.

La jurisprudence sur les renonciations à succession devait-elle s'appliquer aux renonciations à communauté? Lebrun examine la question sans la résoudre, il nous dit toutefois que l'usage paraissait contraire; il semble cependant qu'il y ait mêmes raisons de décider et de plus fortes encore, puisque la femme renonçante ne perd pas seulement un droit, mais de plus se dessaisit en quelque sorte d'une possession effective.

En matière de substitutions ce furent les ordonnances qui introduisirent des changements analogues. L'ord. de 1747 permit aux créanciers des grevés et des appelés d'accepter les substitutions offertes à leurs débiteurs (1). De plus, le grevé ne put plus renoncer à la jouissance au préjudice de ses créanciers. L'ordonnance abrogeait ainsi les lois XIX et XX *Quæ in fraudem*, mais seulement en ce qui concernait les restitutions anticipées; car on jugea encore postérieurement qu'un débiteur chargé d'un fidéicommis, nul ne pourrait l'exécuter au préjudice de ses créanciers.

La même ordonnance introduisait un changement plus important encore relativement aux conditions de l'action : l'art. 42 de l'ordonnance n'exigeait pas que le débiteur ait eu le *consilium fraudandi*, il suffisait que les créanciers eussent éprouvé un préjudice pour pouvoir critiquer la renonciation faite par leur débiteur.

On avait discuté la question de savoir si, d'après les principes romains, l'émancipation pouvait être faite en fraude des créanciers. Le parlement de Paris jugea l'af-

(1) Art. 38.

firmative (1), et après la révolution la Cour de cass., par
arrêt du 23 brum. an IX, rendu contrairement aux
conclusions de Merlin, suivit la même jurisprudence.
C'était, je pense, avec raison, car la loi XIX *Quæ in
fraudem* pouvait être invoquée en ce sens. Les conséquences de l'émancipation peuvent seules être préjudiciables aux créanciers. Or, au point de vue de la loi,
ces conséquences ne sont que l'accessoire, et pour garantir les créanciers contre elles, on ne peut leur donner, suivant l'expression énergique de Proudhon, un
gage sur la liberté des enfants (2).

En cas d'acceptation d'une mauvaise succession, que
pouvaient faire les créanciers? On soutint que les créanciers de l'héritier peuvent demander, contre ceux de la
succession, la séparation des patrimoines. Pothier et
Lebrun n'allèrent pas si loin, ici encore, ils donnèrent
aux créanciers l'action révocatoire.

Quant aux conditions, nous avons vu que sur un
point on se contentait du préjudice ; mais certains jurisconsultes se séparant hardiment du droit romain
avaient, dès avant l'ordonnance de 1747, étendu cette
décision à toutes les renonciations. (*De serres, Inst. du
Dr. franc.*, l. 4, t. 6, § 6 ; Boutaric, l. 4, t. 6, § 6 ; Ca-
tellan, l. 2, chap. 70 ; Furgole, *Successions*, chap. 10,
s. 1 ; Lebrun, *Succ.*, l. 2, chap. 2, s. 2, n° 42). Mais
d'autres jurisconsultes, comme Ricard et Pothier, suivaient fidèlement les principes romains.

Enfin, signalons une ancienne jurisprudence du parlement de Paris qui résulte d'un arrêt du 5 mars
1558 (3). Les défendeurs à l'action Paulienne intentée

---

(1) Arrêt du 30 mai 1636; Bardet, L. v, M. 17, f. 2.
(2) *Secus* Merlin, Quest. de dr. v° Us. paternel.
(3) Automne. *Conf. du Dr. rom.* s. n. titre du *Digeste.*

pour la rescision d'une aliénation sont condamnés non pas comme en droit romain à rendre la chose, mais à payer le juste prix, si mieux ils n'aiment payer intégralement les créanciers ou restituer la chose. Ici l'action n'est donc pas révocatoire, elle est intentée pour arriver à une meilleure détermination du prix. La résolution n'est que *in facultate solutionis*.

Alors, comme aujourd'hui, les créanciers postérieurs à l'acte n'avaient pas d'action et on discutait la question de savoir s'ils pouvaient en profiter ; toutefois, en matière commerciale on était d'accord pour l'affirmative, tous les créanciers existant à l'époque de la faillite sont admis à exercer l'action et à en profiter.

CHAPITRE II.

DE L'ACTION PAULIENNE DANS LE CODE CIVIL (I).

L'art. 1167 du Code a consacré le principe, mais sans donner aucun développement ; les créanciers ont le

(1) Il faut bien se garder de confondre, comme on l'a fait souvent, l'action Paulienne et l'action en déclaration de simulation. L'objet de l'action Paulienne est de faire révoquer un acte réel qui a été fait pour préjudicier aux droits des créanciers; au contraire, l'objet de l'action de simulation est de faire juger qu'u. acte n'est pas réel, qu'il n'y en a que l'apparence. Ainsi un acquéreur offre son prix aux créanciers hypothécaires : ceux-ci ont l'action Paulienne pour faire déclarer que ce prix minime n'a été stipulé que pour les frauder, et l'action de simulation s'ils soutiennent que ce prix n'est pas le prix qui a été réellement convenu entre l'acheteur et le vendeur. On voit l'intérêt immense de la distinction : ainsi aucun besoin, dans cette dernière action, de prouver l'insolvabilité du débiteur, ni l'antériorité de la créance à l'acte attaqué.

droit de faire révoquer les actes faits en fraude ' 'urs
droits; cette décision laconique est évidemment un
renvoi au droit romain, en sorte que l'on peut dire que
le droit romain est encore obligatoire chez nous pour
tout ce qui concerne notre action.

Si le Code s'était borné à consacrer dans l'art. 1167
le principe de l'admission de l'action Paulienne chez
nous, il eût évité de grandes difficultés; malheureuse-
ment on a voulu appliquer ce principe à différentes matières, et ce n'est pas sans difficulté que l'on peut apercevoir maintenant la théorie générale des rédacteurs du
Code.

Remarquons enfin que le Code civil eût pu adopter
une classification plus logique, et que la véritable place
de l'art. 1167 était près des art. 2092 et 2093 dont
il n'est que la sanction.

Nous suivrons ici les mêmes divisions que pour l'action Paulienne romaine.

§ 1. De la nature de l'action.

Nous avons vu quelles difficultés s'étaient élevées
avant la rédaction du Code entre les interprètes du
Droit romain sur la nature de l'action Paulienne.
Quelle est l'opinion qu'ont entendu adopter les rédacteurs du Code?

Rien ne peut nous révéler leur intention; les discussions du Conseil d'État, les discours au Corps législatif fournissent peu de documents sur notre matière,
tous les orateurs ont enchéri sur le laconisme du Code,
et les travaux préparatoires se bornent aux rédactions
successives des divers articles du projet. La question
que nous avons posée et qui est encore vivement con-

troversée aujourd'hui doit donc se résoudre par les principes généraux.

Quelle est donc la cause de cette action? Quel est le droit que peuvent invoquer les créanciers? Un droit réel? Ce serait faire un étrange abus des expressions de l'art. 2092 et il ne soutiendrait pas un seul instant l'examen. Le droit de propriété? Mais les créanciers ne l'ont pas, ils ne pourraient l'invoquer qu'au nom du débiteur; or dans l'espèce le débiteur ne le peut pas, et la loi a grand soin de nous dire que les créanciers agissent en leur nom personnel. Dès lors une disposition spéciale de la loi peut seule donner au créancier l'action réelle, et cette disposition n'existe que pour certains cas spéciaux dans nos lois commerciales.

Faut-il ajouter encore des considérations, répéter que l'on ne doit pas admettre facilement le caractère réel des actions résolutoires, que sous l'empire du Code civil c'eût été augmenter l'incertitude déjà trop grande de la propriété, qu'aujourd'hui sous l'empire de la nouvelle loi sur la transcription, le danger est plus grand encore puisque l'on doit croire à une publicité complète, les tiers et leurs créanciers doivent se croire parfaitement en sûreté et agissent en conséquence. Enfin pourquoi tant favoriser les créanciers fraudés? Ne sont-ils pas en faute, et du jour de l'insolvabilité ne devaient-ils pas discuter leur débiteur (1)?

La question présente en effet un double intérêt; si l'action était réelle, les créanciers qui l'intentent recouvreraient la totalité de la chose aliénée malgré l'insolvabilité du défendeur; si au contraire elle est personnelle, ils concourront simplement avec ses créanciers.

(1) *Sic* M. Capmas, M. Bonjean, *Traité des actions*.

D'un autre côté, si l'action est personnelle, il sera certain que le tiers de bonne foi acquéreur à titre onéreux est à l'abri de tout recours; au contraire, si l'on décide que l'action est réelle, la question pourra être controversée.

Laissant de côté ce dernier cas, il est certain que dans la première espèce que nous avons posée les créanciers du défendeur ont dû compter sur la propriété qu'il avait acquise; son acquisition est publique, le droit que conservent les créanciers serait occulte; ne serait-il pas évidemment injuste de le leur accorder et doit-on pour un tel résultat suppléer à la loi?

§ 2. Quels sont les actes qui peuvent donner lieu à l'action?

D'abord ceux-là seuls qui ont amené l'insolvabilité du débiteur ou qui l'ont augmentée; les actes qu'il a faits étant solvable doivent être respectés, car on ne peut pas dire qu'ils aient été faits en fraude des droits des créanciers à qui il restait encore un gage suffisant. Toutefois, les actes qu'un débiteur solvable aurait faits en vue de son insolvabilité, et pour frauder ses créanciers dans le cas où il deviendrait insolvable, seraient atteints en vertu du principe que le dol et la fraude doivent toujours être punis.

Cependant parmi les actes frauduleux qui ont amené l'insolvabilité du débiteur, il faut encore faire un choix; il en est qui par leur nature échapperont à l'action. Ce seront les actes dont l'objet sera un droit purement personnel au débiteur, un droit que les créanciers ne pourraient pas exercer en vertu de l'art. 1166. Ils n'auraient pas en effet d'intérêt à faire rentrer un tel droit dans le patrimoine du débiteur, puisque sans sa volonté ils ne peuvent en tirer aucun profit, et qu'il a manifesté par l'acte frauduleux son intention de ne pas l'exercer.

Mais pour certains de ces actes il peut s'élever des difficultés sur le caractère de personnalité. On s'est demandé, par exemple, si un débiteur pouvait en fraude de ses créanciers renoncer directement à l'usufruit légal que la loi lui donne sur les biens de ses enfants mineurs.

Je déciderais plus volontiers la négative ; bien que le droit de jouissance dont il est question ici ne soit pas un véritable usufruit, et qu'il soit personnel aux parents en ce sens qu'ils ne peuvent l'aliéner, et que les créanciers ne peuvent le saisir et le faire vendre, au moins peuvent-ils en saisir les revenus. Il n'y a donc aucune raison de permettre au débiteur d'y renoncer au préjudice de leurs droits. Ce serait, du reste, une fraude facile et fréquente qu'il importe de réprimer.

Il n'est pas douteux que l'action qu'aurait le débiteur pour faire révoquer une donation pour cause d'ingratitude ne soit purement personnelle et qu'il ne puisse par conséquent y renoncer sans que ses créanciers puissent critiquer sa renonciation. Il en serait de même de la renonciation à une action en dommages intérêts pour injures, et en général de toutes les actions qui ont pour but de protéger la personne.

Pour la renonciation à l'action en déclaration d'indignité, je ne pense pas qu'on puisse donner la même décision ; comment en effet pourrait-on refuser aux créanciers le droit de l'exercer ? est-ce parce que ce serait un droit créé dans l'intérêt exclusif de la famille ? Mais il n'est pas douteux que des légataires du défunt ne puissent l'exercer ; ce n'est pas même dans l'intérêt de la mémoire de la personne offensée que l'action est établie, car on n'hésite pas à décider que son pardon n'éteindrait pas l'action. Bien au contraire, le motif de l'action n'est-il pas l'ordre public et par conséquent ne doit-on pas chercher à étendre le nombre de personnes qui peuvent l'intenter. La loi ne tient nullement à ce que l'héritier appelé au défaut de l'indigne succède, elle tient seulement à ce que l'indigne ne succède pas. Si le débiteur à donc ici l'action, ce n'est pas dans son intérêt, c'est dans celui de la morale publique : il n'y a pas de droit moins personnel que celui-là.

C'est encore une question controversée que de savoir si les créanciers peuvent exercer accessoirement à une pétition d'hérédité leur action en réclamation ; mais elle ne nous présente aucun intérêt, elle dépend du droit que leur accorde l'article 1166, et il n'y aura jamais lieu à l'application de l'article 1167, car la renonciation que pourrait faire l'enfant serait absolument nulle.

Il est encore d'autres actes qui sont à l'abri de l'action révocatoire, ce sont ceux par lesquels le débiteur n'a pas diminué son patrimoine, mais refusé de l'augmenter.

Nous suivons encore sur ce point la règle romaine, mais nous l'appliquons différemment. On a soutenu cependant qu'elle était abrogée en se fondant sur l'article 788, etc., on a dit que l'article 2093, en donnant aux créanciers un droit de gage sur les biens à venir du débiteur, lui ôtait le droit de n'en pas acquérir quand il le peut. Mais il n'y a là qu'une confusion. Il est vrai que les créanciers ont un gage sur les biens que leur débiteur acquerra, mais ils ne pourront exercer leurs droits que lorsque ces biens seront entrés dans le patrimoine par l'acquisition. La loi a voulu dire que le gage des créanciers ne se bornait pas aux biens présents, elle n'a pas voulu leur accorder un droit sur l'*espérance* qu'a leur débiteur d'acquérir des biens.

Mais en quoi nous écartons-nous du droit romain ? Voici, je pense, la règle qu'il faudra suivre : on dira qu'il y a diminution du patrimoine toutes les fois que le débiteur se sera dessaisi d'un droit qui pouvait être exercé sans aucun fait de sa part ; ainsi une renonciation à une succession, à une communauté, à une prescription. En effet, tant que le débiteur n'avait pas renoncé, il avait un droit tel que s'il était mort il n'eût pas été perdu ; au contraire, les créanciers ne pourront pas attaquer la répudiation d'une donation, parce qu'il faut pour que l'émolument de la donation soit acquis un fait du débiteur, l'acceptation, et il en sera de même de tous les contrats.

Ceci a été contesté cependant par plusieurs auteurs, mais je ne saurais me ranger à leur opinion : ce serait donner au créancier un droit exorbitant que de contraindre tous les débiteurs insolvables à accepter toute espèce de donations. Et quelle serait la position du donateur qui, confiant dans la répudiation de celui à qui il voulait donner, et ayant pris d'autres arrangements, se trouverait pendant trente ans exposé à l'action (1).

Il faut donc convenir que le principe romain s'applique encore chez nous, mais moins largement que chez les Romains. Ceci a été nié par d'autres auteurs. Ils ont dit le principe est interprété chez nous absolument comme chez les Romains ; l'article 788 s'explique par l'effet du principe moderne de la saisine ; il y a par conséquent un dessaisissement réel et nous ne nous écartons pas des idées romaines. L'erreur est évidente, car les Romains permettaient à l'héritier sien de s'abstenir en fraude de ses créanciers, il était cependant saisi tout aussi

(1) *Sic* Coin-Delisle sur l'art. 1053 ; *secus* Grenier, 370 ; Duranton, 9, 605.

bien que le sont aujourd'hui nos héritiers (1). Du reste, avec cette théorie, comment expliquerait-on que l'on ne puisse aujourd'hui renoncer en fraude de ses créanciers à la prescription : là il n'y a pas de lacune ; on ne devient propriétaire qu'à la condition d'opposer la prescription, et cependant on ne peut y renoncer. Or, il ne paraît pas douteux qu'en face de principes semblables, les Romains n'aient décidé que la renonciation était valable.

Bien que le Code ne s'en explique pas, il n'est pas douteux que si le débiteur a accepté une mauvaise succession ou une communauté, ses créanciers ne puissent faire révoquer cette acceptation. En effet, bien que la faveur toute particulière dont jouissait à Rome l'adition d'hérédité eût fait refuser au créancier l'action Paulienne, on lui accordait cependant dans les cas favorables une *restitutio extra ordinem;* aujourd'hui que les idées romaines sur la faveur due aux hérédités n'ont plus d'influence sur notre législation, il faut décider que les acceptations de successions sont soumises au droit commun; si le Code a jugé à propos de statuer sur les renonciations, c'est que pour elles une controverse était possible qu'il importait de trancher.

Il y a encore moins de difficulté, si c'est possible, à admettre l'action des créanciers contre l'acceptation d'une communauté onéreuse; c'est en effet une fraude fort à craindre; la femme pourra, pour avantager les héritiers de son mari qui seront souvent ses enfants aux dépens de ses créanciers, omettre la formalité de l'inventaire et se trouver ainsi tenue au delà de son émolument, ou encore, si elle a des reprises à prélever en cas de renonciation, accepter pour les abandon-

_____

(1) Il en était de même du légataire.

ner une communauté, qui lui est moins avantageuse.

Les partages sont susceptibles d'être attaqués, nous verrons plus loin à quelles conditions.

Si l'acte frauduleux a été sanctionné par un jugement, les créanciers l'attaqueront par la voie de la tierce opposition. Ainsi, si une renonciation à la prescription a été faite en justice et si un jugement en a donné acte au débiteur renonçant, c'est par la tierce opposition que les créanciers devront agir; ils useront du même moyen si leur débiteur s'est laissé condamner par collusion avec son adversaire, alors qu'il n'existait véritablement pas d'obligation.

C'est encore par la tierce opposition que les créanciers qui n'auront pas été parties dans l'instance attaqueront le jugement qui prononce contre le mari la séparation de biens. D'après le Code civil aucun délai ne leur était imposé (1447) et pendant trente ans le jugement de séparation de biens était attaquable, mais le Code de procédure civil est venu modifier l'art. 1447. Quand les formalités exigées par le Code de procédure pour la publicité des jugements qui prononcent la séparation de biens auront été observées, les créanciers ne pourront former opposition que pendant un an. Passé ce délai, ils sont déchus de leur droit.

Les créanciers, même hypothécaires, peuvent user de la tierce opposition, et cela même dans l'opinion de la jurisprudence qui décide que, dans les questions de propriété, le débiteur représente ses créanciers hypothécaires; car il n'est pas moins vrai que dans les affaires qui intéressent la masse de sa fortune, le débiteur représente généralement ses créanciers. Mais cette représentation cesse du moment que l'on offre de prouver la collusion, il serait impossible de les condamner à voir leur débiteur se ruiner et dissiper leur gage, sans pouvoir l'en empêcher, et cela par cette singulière raison qu'ils auraient une hypothèque.

§ 3. — A quelles conditions se donne l'action ?

L'art. 1167 n'est, comme nous l'avons vu, qu'un renvoi au droit romain, et l'on ne doit s'écarter de ses décisions qu'autant que les principes généraux de notre droit civil l'exigeraient.

Nous exigerons donc pour donner l'action aux créanciers deux conditions : le préjudice et le *consilium fraudandi* du débiteur. Ainsi les créanciers ne pourront intenter l'action qu'après avoir discuté le débiteur et prouvé ainsi son insolvabilité. Jusque-là les tiers contre qui ils voudront agir pourront les repousser.

La Cour de cassation a jugé que ces tiers avaient là un véritable bénéfice de discussion, et que par conséquent ils ne pouvaient exiger que les créanciers aient préalablement discuté les biens litigieux situés à l'étranger, etc. Mais cette décision me paraît complétement inadmissible. En effet, de deux choses l'une, ou c'est un bénéfice de discussion identique à celui dont jouit la caution, ou c'est un bénéfice de discussion absolu, sans limites, consistant à dire : le débiteur a encore tel bien, et tant que vous ne l'aurez pas vendu, vous ne pouvez pas dire que le contrat qu'il a passé avec moi, ou l'acte qu'il a fait et dont j'ai profité vous ait préjudicié. Prendre un terme moyen, c'est se jeter sans guide dans l'arbitraire. Or, il me paraît certain que l'art. 2023 qui règle les conditions auxquelles la caution pourra exercer son bénéfice de discussion est inapplicable à notre matière.

Si, en effet, on voulait l'appliquer, il faudrait dire

que les biens situés hors du ressort de la Cour royale
ne devront pas nécessairement être discutés, décision
qui ne serait qu'un moyen détourné de supprimer dans
la plupart des cas la condition du préjudice ; il faudrait
dire que le tiers devra avancer les deniers suffisants
pour la discussion des autres biens, ce qui serait assu-
rément fort bizarre ; il faudrait enfin, et ceci est concluant, dire que les créanciers hypothécaires ne seront
pas tenus, avant d'exercer l'action Paulienne, d'expro-
prier les tiers détenteurs des immeubles hypothéqués,
résultat absolument inadmissible (1).

Quand décidera-t-on qu'il y a de la part du débiteur
consilium fraudandi? Ce sera quand il aura contracté,
sachant que le résultat de l'acte serait d'amener ou
d'augmenter son insolvabilité. Il y a dol de sa part à ne
pas conserver à ses créanciers un actif aussi considérable que faire se peut. Du reste, les créanciers ne sont
pas ordinairement tenus de prouver qu'il savait être insolvable ; on présume qu'il connaît l'état de ses affaires,
car c'est là le droit commun ; mais il pourrait cependant arriver que des circonstances extraordinaires ren-
versassent la présomption, et que les créanciers aient
alors à prouver qu'il connaissait son insolvabilité.

Mais dans tous les cas les créanciers devront prouver
que le débiteur savait, en contractant, que l'acte qu'il
faisait devait augmenter ou amener son insolvabilité.

Ces preuves peuvent se faire par tous moyens, il a
été impossible aux créanciers de se procurer une
preuve écrite de la fraude. On appliquera les art. 1348
et 1353.

Il ne faudrait pas croire que l'acte ne sera jamais

(1) *Sic* M. Duranton; *secus* Capmas, D. *la Révocation des
actes*, p. 49; C. de cass., rej. 23 juill. 1835.

frauduleux, parce que le débiteur a reçu l'équivalent
exact de ce qu'il a donné, ou même une valeur supérieure. Si une vente même faite à juste prix avait été
faite dans la vue de soustraire aux créanciers la valeur
de l'immeuble en permettant au *fraudator* d'en détourner le prix, et si l'acquéreur avait connu et s'était prêté
à cette intention, la vente devrait être révoquée, elle
serait évidemment frauduleuse, et la fraude doit toujours être frappée.

Mais le Code civil a-t-il entendu exiger la fraude
dans tous les cas?

On est loin d'être d'accord sur ce sujet, et l'on a proposé de nombreuses exceptions au principe de l'article 1167.

Nous avons vu que plusieurs jurisconsultes d'une
grave autorité avaient soutenu, dans l'ancien droit
français, que toutes les renonciations faites au préjudice
des créanciers, même sans fraude, devaient être révoquées. La seule disposition législative qui intervint,
l'art. 42 de l'ordonnance de 1747, donna raison à cette
opinion; mais nous savons aussi que ces raisons ne pu-
rent entraîner le sentiment de Pothier, le guide ordinaire des rédacteurs du Code.

, A laquelle des deux opinions se sont rangés les rédacteurs du Code civil? Parmi les articles qui s'occupent des renonciations, un seul, l'art. 1464, exige formellement la condition de fraude; tous les autres, les
art. 622, 788, 1053, 2225, prononcent l'annulation
des actes faits au préjudice des créanciers. Bien des systèmes se sont produits : examinons d'abord les deux
principaux.

Selon certains jurisconsultes, les rédacteurs du Code,
lorsqu'ils rédigèrent l'art. 622, l'art. 788 et l'art. 1053,
étaient indécis; ils ne savaient à quel système donner la

préférence, ils hésitaient entre Furgole et Pothier. Dans cet embarras, ils ne voulurent pas préjuger la question, et, pour la laisser indécise, ils ne parlèrent dans ces dispositions que de la condition de préjudice, se proposant plus tard de déclarer, par la formule générale qu'ils devaient placer au titre des obligations, si cette condition était énonciative ou limitative. C'est pour le premier parti qu'ils se décidèrent : l'art. 1167 ne fit aucune distinction entre les actes ; pour tous, la condition de fraude est exigée. Aussi voyons-nous que dans le premier article qu'ils eurent à voter sur cette question, après l'art. 1167, ils exigèrent la fraude : l'art. 1464 réunit en effet ces deux conditions. Quant à l'art. 2225, les uns critiquent sa rédaction, les autres l'expliquent de manière à ce qu'il ne se rapporte pas à notre action, d'autres y voient une exception à notre article, d'autres vont jusqu'à dire que les créanciers n'ont même pas dans cette espèce à prouver le préjudice. — Quant à l'art. 1338 3°, il ne s'explique en aucune façon sur ce point ; il revient à dire : telles renonciations sont valables, sans préjudice, néanmoins, du droit des tiers *de les attaquer aux termes de la loi.*

Cependant, les partisans de ce système se divisent encore sur la question de savoir si l'art. 1053 exige la fraude. Les expressions de la loi qui paraissent plus formelles, le souvenir de l'art. 42 de l'ordonnance que l'article a traduit, ont décidé plusieurs jurisconsultes à y voir une exception à l'art. 1167.

D'autres personnes, au contraire, soutiennent que le système des jurisconsultes coutumiers a été adopté par les rédacteurs du Code sur les observations du tribunal de cassation. Toutes les renonciations faites au préjudice des créanciers peuvent être révoquées, le texte de tous les articles s'accorde sur ce point ; l'art. 1464, seul

contraire, doit être corrigé selon les uns, appliqué strictement suivant les autres.

Cherchons l'éclaircissement de cette question dans les
travaux préparatoires : les discours, les exposés des motifs, les discussions du Conseil d'État ne nous fournissent aucune lumière ; il ne nous reste absolument, pour
juger des intentions des rédacteurs du Code, que les rédactions successives de nos articles, émanant soit de la
commission, soit du tribunal de cassation.

Dans le projet primitif, l'art. 2225 ne parle ni de préjudice ni de fraude ; les articles qui correspondent à 622,
788, 1464, exigent tous la fraude.

Quant à l'art. 1167, il était peu d'accord avec eux,
il ne permettait aux créanciers d'attaquer les actes sous
prétexte de fraude que dans deux cas : 1° lorsqu'il
s'agit d'actes réprouvés par la loi sur les faillites ;
2° quand il s'agit d'une renonciation à un titre lucratif.
C'était abandonner complétement, s'il fallait prendre
l'article à la lettre, le principe de l'action Paulienne ; on
autorisait ainsi les ventes, les baux, tous les contrats
onéreux, et les donations faits en fraude des créanciers.
On allait au rebours du droit romain, on validait les
actes par lesquels le débiteur diminuait son patrimoine,
on révoquait ceux par lesquels il négligeait de l'augmenter... On chercha donc à donner une autre interprétation à l'article, on supposa qu'il posait le principe
de l'action Paulienne en général, et qu'il ajoutait dans
deux cas une présomption de fraude. Mais alors il devenait inconciliable avec les dispositions des articles qui
correspondaient à 622, 788 et 1404, qui pour des renonciations à titre lucratif exigeaient la fraude bien loin
de la présumer.

Cependant, ce fut ainsi que le tribunal de cassation
interpréta le projet, il formula plus nettement l'article

1107 , et fut logiquement amené à supprimer la condition de fraude dans les autres articles, puisque l'art. 1107 la présumait; aussi se contenta-t-il d'exiger le préjudice. Toutefois il resta une inconséquence, l'art. 1464 ne fut pas corrigé, et continua à exiger la fraude. Ainsi donc, et il importe de bien le remarquer, il ne faut pas voir l'intention du tribunal de cassation dans les articles 622 et 788 seuls, il faut, pour bien l'apprécier, les combiner avec.1107, en sorte qu'en réalité le tribunal de cassation exigeait et la fraude et le préjudice, seulement on présumait la fraude. Si ses observations ajoutent que l'on doit se contenter du préjudice, c'est que cela était évident, puisqu'il y avait une présomption légale de fraude.

Le projet fut corrigé d'après ces idées, on supprima dans les art. 622, 788, la condition de fraude , on la laissa subsister dans 1464, et on ajouta à 1107 une présomption de fraude pour les renonciations à un titre lucratif. Plus tard, cette présomption disparut, sans que rien en révélât les motifs. Tels sont les faits que nous avons à expliquer.

Les personnes qui soutiennent que les renonciations simplement préjudiciables peuvent être révoquées (1), expliquent cette suppression par ce motif que la disposition de la loi qui déclarait que les créanciers pouvaient accepter, au lieu et place de leur débiteur, une succession ou une donation antérieurement acceptée, était inutile sur le premier point, comme faisant double emploi avec 788, et mauvaise sur le second, car il paraissait injuste de voir de la fraude dans la restitution d'une donation, acte qui peut être dicté par les motifs les plus respectables. Sans doute, il est vrai que la pre-

(1) Durant. 10, 577; Zachariæ 2, p. 348 ; Caproas.

mière disposition faisait double emploi avec 788 ; mais, quant à la deuxième, était-elle si mauvaise qu'on veut bien le dire, et ne devait-on pas présumer ici plus facilement la fraude que dans la renonciation à prescription, où le devoir de conscience est sans contredit plus impérieux ? Il n'y avait en réalité dans le système qui se contente du préjudice aucune bonne raison pour repousser cette disposition.

Mais, dans tous les cas, les partisans de ce système ne peuvent tirer aucun argument des travaux préparatoires ; car, quel que soit le motif qui a fait disparaître cet alinéa, il est certain que ni le conseil d'État, ni le Corps législatif, n'ont pu entendre trancher la question en votant les articles 622 et 788. Supposons, en effet, qu'un conseiller d'État ou un député, si le mutisme constitutionnel le lui eût permis, eût demandé l'addition de la condition de fraude. Que lui eût-on répondu ? Évidemment ceci : L'article n'est pas limitatif, il existe dans le projet du titre des Obligations un article qui tranche la question ; celui-ci ne décide rien : quelle que soit votre opinion, votez-le. Or, plus tard, ou la question fut jugée en notre sens, ou elle ne le fut pas.

Ainsi, nous ne pouvons tirer qu'un argument bien douteux des travaux préparatoires, et nous nous retrouvons en présence des textes du Code ; dès lors ne paraît-il pas téméraire, en présence de l'article 1167, de vouloir créer un système appuyé sur le silence des autres articles de la loi ? Et l'art. 1464 n'est-il pas là pour révéler de la manière la plus claire l'intention des législateurs.

La question est tranchée : désormais plus de réserves à faire ; le législateur applique au cas particulier la règle générale ; il exige la condition de fraude. Pourrons-nous aller corriger arbitrairement cet article et y retrancher une condition formellement exigée, et n'est-ce pas là un changement bien plus grave que de décider que la disposition des art. 622, 788, etc., n'est pas limitative ?

Mais, répondent quelques partisans de l'opinion contraire, nous avons une autre manière d'expliquer l'art. 1464 : loin de le corriger, nous l'appliquerons textuellement ; nous exigerons la fraude dans ce cas particulier, par exception à ce que nous croyons les principes généraux. Est-il bien vrai de dire qu'il y ait ici même raison de décider que dans l'art. 788 ? Nous l'avons vu en effet ; tandis que notre ancienne jurisprudence française s'écartait du Droit romain en annulant les renonciations à successions faites en fraude des créanciers, Lebrun nous dit que l'usage paraissait contraire à l'assimilation de la renonciation à communauté. On ajoute qu'il importait de ne pas rendre trop facile l'annulation d'un acte qui intéresse deux familles, et ceci est plus important encore, que le projet ne dispensait de la fraude que la renonciation à un titre lucratif. Or, la communauté est une société, et il n'y a pas là de titre lucratif ; mais ces raisons sont-elles probables ? Cette dernière distinction, le plus important des arguments de cette opinion, est-elle exacte ? Sans doute, en nous plaçant au point de vue théorique, la femme n'acquiert pas la communauté ; mais au point de vue plus naturel, plus pratique, n'est-il pas évident que la femme qui n'avait pas l'administration de la communauté, qui n'était pas associée, *non est socia, sed speratur fore*, acquiert réellement en échangeant cette espérance contre une réalité. Rappelons-nous les origines de la communauté, la longue assimilation de la femme à une héritière, et il ne nous restera plus aucun doute à cet égard. Que sera-ce quand nous verrons l'ap-

D.   5

plication continuelle des principes des successions, et pour le délai pour délibérer, et le bénéfice d'inventaire qui présente tant d'analogie avec celui qui est accordé à l'héritier, et les formalités des partages. Bien plus, si la loi présumait la fraude en règle générale, on devait à bien plus forte raison la présumer ici, le bénéfice de l'art. 1483 donnant à la femme moins d'intérêt à renoncer. Nous devons donc admettre que l'art. 1464 nous explique dans quelle vue les rédacteurs du Code ont supprimé la disposition qui formait l'art. 63 du titre des obligations. En résumé, c'est le système de Pothier auquel ils ont fini par revenir après s'en être momentanément écartés (1).

A ce système on propose trois exceptions.

L'une résulterait de l'art. 1053; les deux autres des art. 1338 3° et 2225.

Nous repoussons d'abord sans hésiter celle de l'article 1053; les considérations tirées de l'article de l'ordonnance ne sauraient prévaloir contre le système général du Code, et l'intention évidente des rédacteurs d'assimiler la renonciation à la jouissance d'une substitution à la renonciation à un droit de succession.

Les art. 1338 et 2225 étant tous deux relatifs à des actes faits par le débiteur pour obéir à sa conscience, pour satisfaire un devoir, doivent être régis par les mêmes principes.

On a produit bien des systèmes sur l'interprétation de l'art. 2225; écartons d'abord celui qui n'y voit qu'une application de l'art. 1166.

Il se fonde d'abord sur le texte de l'article qui emploie le mot *renoncer* à l'indicatif et non pas au passé; mais cet argument tombe devant la comparaison de

(1) Toull. 6, 348; Grenier, 1, 93, Bordeaux, 13 février 1826.

l'art. 788, qui est rédigé de la même manière, et sur lequel aucun doute n'a pu s'élever. On s'appuie aussi sur l'interprétation que faisait de l'article M. Bigot-Préameneu. Il expliquait en effet que l'art. 2225 était une application de l'art. 1166; mais ses explications n'ont rien d'exclusif, et il paraît n'avoir indiqué que le principe qui avait surtout préoccupé la commission. Du reste, si l'art. 2225 n'était que la répétition de l'art. 1166, il serait bien inutile.

Mais à quelles conditions pensent-ils l'exercer? doivent-ils prouver le préjudice et la fraude?

Évidemment, dans l'opinion que nous avons repoussée plus haut on décide que la fraude est présumée; mais en admettant qu'en principe général la fraude doit être prouvée, doit-on voir ici une exception? On se fonde d'abord, et c'est un des plus puissants arguments, sur la place de l'article dans le Code, venant après l'art. 1167; notre disposition eût comme l'art. 1464 exigé la condition de fraude, si on avait voulu qu'on la prouvât. Mais cet argument n'est pas concluant; il faut bien se rappeler en effet que notre article veut appliquer à la prescription par une même disposition les art. 1166 et 1167, et même (l'interprétation de M. Bigot-Préameneu en fait foi) que les rédacteurs ont eu plutôt en vue l'application de l'art. 1166 : or, cet article ne doit pas exiger la fraude ; c'est donc probablement parce que les rédacteurs se sont préoccupés de l'application de l'art. 1166 qu'ils n'ont pas mentionné cette condition. On ajoute qu'à coup sûr les autres intéressés peuvent faire tomber la renonciation sans prouver la fraude ; or, la loi leur assimile les créanciers, rien de concluant encore ici. La loi dit : Telles personnes, peuvent faire tomber la renonciation, les créanciers le peuvent aussi; mais rien n'indique que ce doive

être aux mêmes conditions. Les créanciers seront soumis ici au droit commun, au principe général de 1167.
Dira-t-on enfin que la renonciation à la prescription est
un devoir de conscience, et que par conséquent il ne
peut y avoir fraude? L'erreur n'est-elle pas évidente?
La fraude n'est que la connaissance de son insolvabilité;
or, parce qu'on remplit un devoir de conscience, sait-
on moins qu'on est insolvable?

Mais bien au contraire, on concevrait que la loi eût
donné une disposition tout opposée. On eût dit : Le tiers
à qui l'on n'a pas opposé la prescription n'a reçu après
tout que ce qui lui appartenait; par conséquent, même
s'il l'a reçu en fraude des créanciers, il n'a fait que veiller à ses intérêts, il conservera la chose. Mais parce
qu'il n'a reçu que ce qui lui est dû, parce qu'on n'a fait
que remplir à son égard un devoir de conscience, on
ira le traiter plus rigoureusement! On devra prouver
la fraude contre un donataire *qui certat de lucro cap-
tando*, et contre lui *qui certat de damno vitando*, on
n'aura pas même à prouver que le débiteur connaissait
son insolvabilité! En vérité, ce résultat serait d'une
exorbitante iniquité! Mais la loi, dit-on, doit veiller avec
d'autant plus de soin aux droits des créanciers que le
danger est plus grand, car on sera plus porté à satisfaire
un devoir de conscience! Cette morale singulière n'est
pas à coup sûr celle de la loi, sans cela elle n'eût pas
défendu au juge de suppléer d'office la prescription, elle
n'eût pas cherché à favoriser le plus possible l'accomplissement de ce devoir.

Quant à l'art. 1338 3°, il doit être complétement
assimilé à l'art. 2225 : la position est semblable, les
motifs sont identiques et le texte est bien plus facile à
expliquer; car, à vrai dire, il ne contient qu'un renvoi
à l'art. 1167; en effet, il ne faudrait pas traduire ces

expressions *sans préjudice des droits des tiers* par
pourvu que les créanciers n'éprouvent aucun préjudice,
mais par le sens vulgaire de cette expression, celui
qu'elle a dans dix articles du Code : réserve faite du droit
des créanciers d'attaquer les actes faits par leur débiteur en fraude de leurs droits ou sauf ce qui a été dit
dans l'art. 1167. Cet article, du reste, paraît avoir eu
aussi principalement en vue d'autres intéressés, des acquéreurs de droits réels par exemple.

A plus forte raison repousserons-nous une théorie
qui consiste à se contenter de la preuve du préjudice
chaque fois qu'il s'agira d'actes à titre gratuit. Cette décision, en effet, est contraire au Droit romain dont l'autorité est si grande en cette matière. Gaïus avait sans
doute décidé ainsi pour les affranchissements, mais sa
décision n'avait pas prévalu. Quant à l'argument que
l'on peut tirer de l'art. 446 du Code de commerce, il se
retourne contre nos adversaires, car il y a là une présomption légale de fraude, il faut donc prendre la disposition telle qu'elle est ou la repousser tout à fait ; or,
pour la prendre telle qu'elle est, il faut dire que les donations seront présumées frauduleuses quand elles seront faites moins de dix jours avant.... la déconfiture !
Mais quel est donc le jour de la déconfiture ? De plus, si
l'art. 446 a été nécessaire dans la matière si favorable
aux créanciers des faillites, si la présomption même a
été limitée dans ce cas, c'est donc évidemment qu'elle
n'est pas de droit commun.

Ainsi, en droit français comme en droit romain, le
consilium fraudandi du débiteur devra être prouvé dans
tous les cas. Nous sommes revenus, en suivant en cela
le sentiment de Pothier, sur les errements de notre ancienne jurisprudence qui tendait à se contenter, pour

certains actes de la condition de préjudice causé aux
créanciers.

Mais il est un acte particulièrement favorisé et
pour lequel il ne suffit pas de prouver le dol et la
fraude ? Les créanciers ne peuvent attaquer un partage fait en fraude de leurs droits que si ce partage a
été fait au mépris de leur opposition. Un partage auquel on a procédé sans opposition des créanciers est
inattaquable. La loi leur donne le droit d'y intervenir
et veut qu'ils en usent.

Mais est-ce bien là le vrai sens de l'article? La jurisprudence ne l'a pas pensé ainsi; certains arrêts ont
admis l'action contre un partage fait en fraude, même
alors qu'il n'avait été formé aucune opposition. Quelques-uns se sont même contentés de la fraude du co-
partageant débiteur, d'autres (1) ont exigé la fraude de
tous les copartageants; la Cour de cassation a paru
préférer la première opinion en décidant que l'action
devait être admise, *surtout* s'il y avait fraude de la part
des autres copartageants. La jurisprudence se fonde sur
ce que la fraude vicie complétement un acte; il est nul
et inexistant, dit la Cour de cassation dans le même
arrêt du 20 novembre 1834. La décision est bien évidemment contraire au texte de l'art. 882, mais le motif
que l'on en donne est surtout particulièrement défec-
tueux.

La fraude ne rend pas un acte inexistant, la preuve
en est qu'il est hors de doute qu'aucune des parties ne
peut en refuser l'exécution; un acte frauduleux est
parfaitement valable entre les parties et il n'est qu'annulable vis-à-vis des créanciers. L'acte simulé est seul

(1) Toul. 8 déc. 1830.

inexistant; c'est qu'en effet il n'y a pas d'acte, pas de
convention, mais un acte purement apparent destiné à
prouver une convention qui n'a jamais été réelle. Il n'y
a pas d'acte, parce que les parties n'en ont pas voulu
faire : il n'y a qu'une apparence (1).

Il ne faudrait pas cependant aller trop loin, et il me
parait hors de doute que si la fraude avait consisté à
empêcher le créancier de former opposition, en lui ca-
chant par exemple les circonstances qui donnent lieu
au partage, ce créancier aurait le droit de se faire indemniser du dol commis à son préjudice, et la répara-
tion la plus naturelle qu'on puisse lui accorder serait
la rescision du partage.

Il est également certain que les créanciers qui auraient formé une opposition postérieure à la date du partage, ne pourraient être repoussés qu'autant que cette
date serait certaine, aux termes formels de l'art. 1328.
Toullier a cependant nié cette conséquence ; il a dit que
les créanciers ne pouvaient être considérés comme des
tiers, ils ne sont que les ayants cause du débiteur ; c'est
une théorie qui est formellement démentie par l'article 1167, dont 882 n'est qu'une application, les
créanciers agissent en leur nom personnel. Au point
de vue de notre action, ce sont donc des tiers.

L'art. 882 est-il spécial au partage des successions,
doit-il s'appliquer encore en cas de partage d'une société ou d'une communauté ?

Il me parait certain que l'art. 882 s'applique aux
partages des communautés : il est probable que l'article 1167, renvoyant aux titres des successions et au
contrat de mariage, a eu en vue précisément les deux
articles 882 et 1476. Mais on a douté que l'on puisse

1) *Sic* Toull. 4, 412 ; Duranton, 7, 509.

aller jusqu'à étendre cette disposition exorbitante du droit commun aux partages de sociétés civiles. Pour elles, en effet, l'attention des créanciers n'est pas appelée sur le partage qui va intervenir par un fait qui a toujours un certain retentissement, une mort ou une séparation de biens. La société même peut être secrète, les créanciers peuvent en ignorer l'existence; comment pourront-ils intervenir dans le partage? C'est ce qu'a jugé la Ch. des Req., le 20 nov. 1834 (1).

Je ne pense pas que l'on puisse étendre cette décision aux sociétés commerciales, car pour leur formation et leur dissolution, la loi a organisé un système de publicité. (*C. comm.*, art. 42 et s.)

§ 4. — *A qui appartient l'action?*

Quels sont les créanciers qui ont l'action? On ne s'inquiète pour les déterminer que d'une seule chose, la date de la créance ; quant à sa cause, on n'y fera aucune attention, et le créancier *ex causa lucrativa* aura l'action aussi bien que celui qui tient son titre d'un acte onéreux ; on n'aura pas plus d'égard aux garanties de la créance, le créancier hypothécaire, privilégié, ou nanti d'un gage, peut exercer l'action, cependant il faudra que la garantie soit insuffisante, sans cela il ne pourrait pas dire qu'il éprouve un préjudice. Toutefois, il pourrait le soutenir encore, bien que sa garantie soit suffisante, s'il est obligé, pour l'exercer, de recourir à des moyens difficiles ou coûteux, à une surenchère par exemple.

Mais les créanciers conditionnels peuvent-ils exercer l'action? Le Code leur accorde le droit de prendre les

(1) *Sic* Proudhon.

mesures conservatoires de leur droit, l'action Paulienne
ne peut y être comprise, c'est un acte d'exécution,
puisqu'elle suppose la discussion des débiteurs, nous
donnerons la même décision pour les créanciers dont
les créances ne sont pas exigibles. Toutefois dans les
deux cas, si le terme est très-rapproché ou la condition
très-probable, si l'insolvabilité est évidente, la fraude
incontestable, il serait bien dur de refuser aux créanciers l'exercice immédiat de l'action Paulienne dont
un retard pourrait compromettre l'effet. On ne peut, dit
avec raison Proudhon, les contraindre à rester specta-
teurs immobiles de leur ruine.

Mais la créance doit toujours être antérieure à l'acte
attaqué, le débiteur en effet engage pour l'acquittement de son obligation tous ses biens présents et à
venir mais non ses biens passés; ceux-ci ne sont plus
dans son patrimoine, le créancier n'a pu contracter en
vue de la sûreté qu'ils lui offraient. Cependant, si la
fraude avait été commise précisément dans le but de
tromper le futur créancier, il faudrait dire que les victimes de la fraude peuvent toujours l'atteindre et annuler l'acte, comme l'a fait la C. de cass. le 2 fév. 1853.

Comment s'établira l'antériorité de la créance?

L'article 42 de l'ordonnance de 1747 exigeait que
l'acte ait une date certaine, et l'art. 1328 paraît aujour-
d'hui par la généralité de ses termes confirmer cette
opinion. Cependant on décide plus généralement que,
dès que l'on aura prouvé qu'il y a lieu à l'action Paulienne, du moment qu'il est certain que des actes ont
été faits qui peuvent être considérés comme frauduleux,
on doit admettre la preuve par tous moyens du droit
qu'a le créancier de les attaquer. Sans cela on donnerait trop de facultés au débiteur pour frauder les créanciers dont le titre n'aurait pas date certaine. On refuse-

rait ainsi l'action Paulienne à tous les créanciers qui n'ont pas de titre.

Mais faudra-t-il au moins que le créancier prouve que le tiers connaissait l'existence de sa créance? Je ne le crois pas ; il suffira bien de prouver que le tiers connaissait l'insolvabilité, c'est introduire dans la loi l'exigence de la preuve d'une nouvelle fraude bien plus difficile à prouver que la première (1).

§ 5. — *Contre qui se donne l'action?*

En droit français l'action ne se donne pas comme elle se donnait en droit romain contre le *fraudator* lui-même ; sans doute la fraude qu'il a commise pourra déterminer le juge à user de rigueur envers lui, à appliquer plus facilement la contrainte par corps, à lui refuser les délais de grâce ; sans doute il perdra le bénéfice de cession de biens. Mais aucune action civile ne sera dirigée contre lui pour les faits de fraude qu'il a pu commettre.

Toutefois s'il est commerçant et si ces faits ont un caractère déterminé, il sera passible des peines de la banqueroute frauduleuse, mais c'est là une action criminelle qui ne peut appartenir qu'au ministère public.

Proudhon cependant a paru méconnaître cette idée en décidant que l'action devait être dirigée principalement contre le *fraudator*, à la condition de mettre en cause le tiers avec lequel il a contracté ou qui a bénéficié de l'acte incriminé. Il ne donne de cette théorie aucune explication satisfaisante. Comment donc supposer cette innovation du Code, cette bizarre procédure qui, au lieu de s'adresser à celui qui, en définitive, doit être

---

(1) *Secùs* Zachariæ et ses annot.

passible de l'action, emploie un moyen détourné pour arriver jusqu'à lui? Où Proudhon a-t-il pu voir cette dérogation aux principes et aux anciennes législations? Aussi je ne sache pas que cette opinion ait jamais trouvé d'écho chez aucun auteur.

L'action se donnera donc contre les tiers, mais à différentes conditions. On distinguera, en droit français comme en droit romain, entre les acquéreurs à titre gratuit et les acquéreurs à titre onéreux. Pour ceux-ci seulement on devra prouver la complicité. Le Code, nous l'avons vu, se rapporte sur tous ces points au droit romain; et du reste, sur la question qui nous occupe, le Code de commerce (art. 446) prouve qu'une distinction est bien dans son esprit.

Ainsi donc l'action se donne 1° contre les acquéreurs à titre onéreux, à la condition de prouver la fraude;

2° Contre les acquéreurs à titre gratuit, qu'ils soient de bonne ou de mauvaise foi.

Toutefois ici, comme en droit romain, il ne sera pas sans intérêt de distinguer si le donateur est ou non complice de la fraude au point de vue de l'étendue de l'action. Pour le donateur de mauvaise foi aucune indulgence, tous les fruits de la chose devront être restitués, l'intérêt des sommes d'argent sera dû du jour du contrat. S'il y a eu une seconde aliénation, il devra rendre, non pas le prix qu'il a reçu, *quatenus locupletior*, mais même la valeur actuelle de la chose si elle est supérieure; à l'égard des améliorations et des constructions qu'il a pu faire, il sera traité comme possesseur de mauvaise foi d'après l'art. 555 du Code civil. A-t-il, au contraire, détérioré la chose, il devra le montant intégral de ses détériorations, alors que le donateur de bonne foi ne devrait que le bénéfice qu'elles ont pu lui procurer.

Mais il existe des difficultés sur la nature de certains contrats, et nous devons examiner les doutes qui se sont élevés à cet égard.

Ainsi, la donation en faveur du mariage est-elle un contrat à titre gratuit ou à titre onéreux?

D'abord, à l'égard du donataire lui-même : nous avons vu que les jurisconsultes romains décidaient qu'il y avait là une donation; on commença, par faveur pour le mariage, à en douter dans notre ancienne jurisprudence (1), et ces doutes ont subsisté sous le Code; cette opinion a même été soutenue par d'éminents jurisconsultes et embrassée par la jurisprudence de la Cour de cassation (Arrêts du 2 mars 47 et 14 mars 48). Nous ne saurions cependant la partager.

Il est bien vrai que la donation faite en faveur du mariage n'est pas une donation ordinaire, que la loi, en permettant de donner aux enfants à naître du mariage, en décidant que ces donations ne seraient pas révocables pour ingratitude, qu'il en serait dû garantie, et que les intérêts courraient du jour du mariage, a montré qu'elle les favorisait exceptionnellement. Mais cela suffit-il pour que l'on puisse dire que l'acte est à titre onéreux?

Et d'abord, à coup sûr, les mots protestent contre cette idée; une donation à titre onéreux n'est plus une donation, et cependant c'est ce nom que la loi donne à l'acte, c'est dans le titre des donations qu'elle s'en occupe. En droit romain aussi, les dots jouissaient d'une faveur exceptionnelle; on avait été bien plus loin que nous, puisqu'on avait mêlé à cette question l'intérêt public : il importe à l'État, avait-on dit, que les dots soient protégées, car c'est favoriser les mariages. Aussi,

---

(1) V. Furgole, *Test.* ch. 11, sect. 11, n° 20.

avait-on été jusqu'à contraindre les parents à doter leurs enfants, à décider que la constitution de dot était l'accomplissement d'une obligation *civile*. Et cependant, dans notre espèce, Venuleius décide que c'est une donation (1). C'est que le principal caractère de l'acte à titre gratuit subsiste, et le constituant ne reçoit et n'a reçu aucun équivalent de ce qu'il donne.

Et n'en doit-il pas être de même, à bien plus forte raison, chez nous, alors que nous avons supprimé l'action des enfants pour obtenir une dot, que nous avons adopté l'axiome : *Ne dote qui ne veut*, que nous avons proclamé qu'il n'y avait pour les parents qu'un devoir de conscience à doter leurs enfants.

On comprendrait mieux l'opinion contraire si nous trouvions dans le Code quelque disposition spéciale aux donations en faveur du mariage, et qui fût contraire à l'essence des donations. Mais rien de semblable. Si l'on peut constituer une dot de biens à venir et étendre le bienfait aux enfants à naître, il y a là une dérogation non pas à l'essence de la donation, mais à l'essence même du contrat qui exige le concours de deux volontés. Si on doit la garantir, c'est par la présomption d'une volonté qui peut, dans tous les cas, se traduire par une clause formelle, et cette présomption de la volonté des parties n'a rien que de très-raisonnable ; nous dirons la même chose de la disposition qui fait courir de plein droit les intérêts. Y a-t-il enfin quelque chose de contraire à l'essence de la donation dans l'irrévocabilité en cas d'ingratitude ? pas davantage, car la révocation même est une exception aux principes généraux.

Bien au contraire, tous les caractères principaux de la donation se retrouvent dans la donation en faveur du

(1) L. **xxv**, § 1.

mariage. Comment nos adversaires expliqueront-ils que l'avantage que l'on a tiré d'un contrat à titre onéreux puisse être enlevé par l'effet d'un rapport ou d'une réduction? On a cependant cherché une explication et l'on a dit : La constitution de dot est à titre onéreux vis-à-vis des créanciers, à titre gratuit vis-à-vis des héritiers. Ce raisonnement est singulier ; pour moi, je ne comprendrais que le raisonnement contraire ; on eût pu dire, je pense : Entre le donateur et le donataire il y a contrat onéreux, par conséquent les héritiers étant tenus des obligations de leur auteur, à leur égard aussi il y aura un contrat onéreux. — Et quelle bizarrerie que ce contrat qui sera à titre onéreux ou à titre gratuit, selon la qualité des tiers qui n'y ont pas été parties.

Et l'art. 1081 ne paraît-il pas fait exprès pour exclure l'opinion contraire : les donations, quoique faites aux époux par contrat de mariage, sont soumises aux règles ordinaires. La question n'est-elle pas tranchée?

Est-il besoin d'ajouter à ces arguments des considérations? Dirons-nous qu'au point de vue de notre action, la donation en faveur du mariage est de tous les actes le plus à craindre, et que, si l'on adopte l'opinion contraire, ce sera le plus difficile à frapper? C'est le plus à craindre, parce que le débiteur satisfait ainsi ses affections, et qu'en même temps il s'assure des aliments et acquiert l'espoir d'un droit de retour. Ce serait le plus difficile à frapper, parce que souvent ce sont les enfants, surtout les filles, qui connaissent le moins la mauvaise position de leurs parents ; c'est à elles qu'on cache avec le plus de soin la mauvaise fortune, et, dès lors, il sera presque impossible d'atteindre ces donations, si l'on exige la preuve de leur complicité.

Ainsi donc, il nous paraît certain que l'on pourra faire

révoquer ces donations, sans prouver la mauvaise foi
des donataires ; mais pourront-elles être révoquées au
mépris des droits des conjoints ?

On soutient la négative, en disant que le contrat est
à titre onéreux entre le constituant et le conjoint du
donataire, ou au moins entre le donataire et son conjoint ; en sorte que celui-ci se trouve dans la position
d'un acquéreur à titre onéreux, ou au moins d'un sous-
acquéreur à titre onéreux.

Avant de discuter ces questions, observons qu'aujourd'hui la position des deux conjoints est égale dans
tous les cas, et que la femme peut avoir des droits sur
les biens du mari, comme le mari en a sur les siens ; et
que si l'on peut dire que le mari n'eût pas épousé une
femme sans dot, l'on peut dire aussi que la femme
n'eût pas épousé un mari sans fortune.

Ce point établi, écartons d'abord la théorie qui consiste à voir un contrat onéreux entre le donateur et le
conjoint du donataire ; car, entre eux, il n'y a aucune
espèce de contrat. Il est vrai que Venuleius, dans la
loi xxv, § 1, *Quæ in fraudem*, nous dit que le gendre
acquiert du beau-père à titre onéreux ; mais ceci tenait
à l'idée romaine que la dot appartenait au mari ; c'était
à lui qu'elle était promise, c'était lui qui en était propriétaire. Il n'en est plus ainsi : la donation en faveur
du mariage est faite à l'époux même auquel elle est dé-
finitivement destinée, et l'autre époux ne peut acquérir de droits sur ses biens que par l'effet des conventions
matrimoniales.

Mais par l'effet de ces conventions expresses ou ta-
cites, il acquiert sur les biens donnés un droit de jouissance, et il l'acquiert à titre onéreux. Ici, en effet, le
conjoint se soumet à des charges, et il ne s'y soumet
qu'en vue de l'apport de l'autre époux ; aussi cet époux

lui doit-il garantie pour les biens qu'il a expressément
constitués en dot. Dans l'opinion contraire on ne devrait considérer la dot que comme une donation d'usufruit limitée à l'existence de l'un ou de l'autre des
époux; or, en présence de l'art. 1547, cette assimilation
est impossible ; ce n'est pas une donation ordinaire entre
époux, puisqu'il en est dû garantie ; et alors n'est-il pas
vrai de dire qu'il y a ici autre chose qu'une donation,
et n'est-il pas évident que cette garantie n'est due qu'à
cause des charges que l'autre époux a acceptées ?

Il peut aussi s'élever des difficultés sur la nature de
la renonciation à la prescription, y a-t-il là un acte à
titre onéreux ? Il n'y a guère de doute à l'égard de la
prescription libératoire, et même de la prescription
acquisitive sans bonne foi; dans ce cas la renonciation
n'est en effet que l'accomplissement d'une obligation
naturelle, et l'on ne peut pas dire que celui qui reçoit le
paiement d'une obligation naturelle reçoive à titre gratuit, mais il y a plus de difficulté en cas de prescription
acquisitive par une possession de bonne foi, et les canonistes mêmes, qui étaient si sévères en matière de
prescription, décidaient que le possesseur devenait propriétaire même au point de vue du droit naturel. En
effet, disaient-ils, lorsqu'on apprend que telle personne
était propriétaire, elle ne l'est plus puisqu'on a prescrit
contre elle, et dès lors il n'y a plus d'obligation de restituer.

Ce raisonnement est subtil, il est même peu exact;
sans doute l'ancien propriétaire ne l'est plus aux yeux
du droit civil, mais l'est-il encore au point de vue du
droit naturel ? C'est là la question. Pour moi j'aurais
peine à admettre cette théorie; au point de vue du droit
naturel d'abord, il me paraît difficile de voir une donation dans la renonciation à la prescription quand le re-

nonçant n'éprouve aucune perte, sans doute il y aura donation si le possesseur, alors qu'il n'a pas de recours ou plus de chances de l'exercer valablement contre son vendeur, restitue sans rien demander; mais s'il se trouve en position de ne rien perdre, par exemple pour simplifier s'il possède *pro donato*, je pense qu'il doit rendre au véritable propriétaire qui cherche à éviter une perte, tandis que lui ferait un gain. Enfin, au point de vue du Code, je pense que l'on ne peut y voir non plus une donation, car il est hors de doute que le Code favorise les renonciations à la prescription, sans faire à cet égard aucune distinction; c'est ainsi que le juge ne peut jamais suppléer d'office la prescription; or nous savons quelle est la haine du Code pour les donations. Il me paraît donc que l'on devra se décider par les circonstances et voir si le renonçant a fait une perte; dans ce cas seulement, la renonciation sera à titre gratuit, et l'on n'aura pas besoin de prouver la fraude de celui qui a profité de la renonciation (1).

A l'égard des paiements nous donnerons en droit français la décision que nous avons donnée en droit romain; le créancier qui reçoit ce qui lui est dû ne commet aucune espèce de fraude, et cette théorie est confirmée par l'art. 447 du Code de commerce qui ne donne la décision contraire que pour les actes postérieurs à la cessation des paiements. Cependant un arrêt de la Cour de cassation du 24 novembre 1835 a annulé un paiement fait en fraude des créanciers; mais outre que l'espèce était particulièrement favorable (on avait rompu l'égalité entre les créanciers en ne payant qu'un seul de ceux qui avaient consenti un concordat), ce n'é-

(1) *Secus* Dunod, p. 41; Troplong, art. 2225. Dunod cite à l'appui de son opinion divers canonistes.

D.   6

tait pas d'un véritable paiement qu'il s'agissait, mais d'une vente avec compensation du prix, et cette vente était frauduleuse, car on l'avait cachée à tous les créanciers. Et ce qui prouve bien que c'est comme vente frauduleuse que cet acte a été annulé, c'est que l'arrêt s'est fondé sur ce qu'on avait cherché à *tromper* des créanciers *postérieurs* à la vente en laissant la possession au débiteur. S'il s'était agi d'un paiement, les créanciers postérieurs n'auraient rien eu à faire dans lo procès.

3° L'action se donne encore contre certains sous-acquéreurs.

D'abord, la première condition sera que le principal acquéreur soit passible de l'action ; car si celui-ci a un droit inattaquable, on ne commet aucun dol en acquérant de lui une chose sur laquelle les créanciers n'ont aucun droit, et l'action que l'aliénation faite par le débiteur n'a pu faire naître ne naîtra pas évidemment de l'aliénation faite par un tiers.

La seconde condition pour qu'un sous-acquéreur soit passible de l'action sera qu'il se trouve dans une position telle que, s'il était acquéreur principal, on dût la donner contre lui. En sorte qu'il faudra qu'il ait acquis à titre gratuit, ou s'il a acquis à titre onéreux, qu'il soit de mauvaise foi.

Ce dernier point a cependant été contesté. M. Zachariæ a enseigné que le tiers qui avait acquis même de bonne foi était passible de l'action comme son auteur, et il en a donné pour raison que personne ne peut transférer plus de droits qu'il n'en a. Pour nous, qui avons décidé que l'action Paulienne était personnelle, il n'y a pas de difficulté, elle ne peut résulter que d'un préjudice causé sciemment aux créanciers ou de l'intention de conserver un bénéfice alors qu'ils font une perte.

Il faut donc ou que le sous-acquéreur soit un donataire, ou qu'il ait acquis de mauvaise foi. Mais même la plupart de ceux qui voient dans l'action Paulienne une action réelle repoussent l'opinion de M. Zachariæ. Il serait bizarre, disent-ils avec raison, que celui qui a traité avec l'acquéreur du *fraudator* fût moins bien traité que celui qui a traité avec le *fraudator* lui-même. Du reste, il y a un principe que l'on ne doit jamais perdre de vue en cette matière, c'est que la position des tiers est préférable quand ils veulent, comme les créanciers, éviter une perte, on doit préférer à position égale les possesseurs (1).

4° Les héritiers de ceux contre qui peut être intentée l'action y sont également exposés; et comme nous n'avons pas admis, comme les Romains (2), que l'action civile résultant d'un dol ne pût être donnée que contre l'auteur du dol, ou que lorsqu'elle est *rei persecutoria*, elle doive être limitée à ce qui reste à l'héritier, nous donnons contre eux l'action *in solidum*.

§ 6. — *But et effets de l'action.*

L'action Paulienne a pour but d'indemniser les créanciers du préjudice qui leur a été causé, et de les replacer dans la position où ils seraient si l'acte n'avait pas existé. Mais ce principe reçoit un tempérament, et ne doit pas être séparé de cette autre règle que vis-à-vis des tiers de bonne foi les créanciers ne peuvent demander qu'une seule chose, à savoir, qu'ils ne s'enrichissent pas à leurs dépens.

Ainsi donc le défendeur de mauvaise foi doit rendre

(1) Cass. 2 fév. 52. *Secus* M. Zachar, 2, 348.
(2) L. xi *Quæ in fraudem.*

tout ce qu'il a reçu du *fraudator*; le but de la demande
des créanciers sera donc l'anéantissement de tous les
effets que l'acte frauduleux a pu produire et la restitution de tout ce qui a été donné par le *fraudator*. Ainsi
donc on doit écarter cette jurisprudence qu'avait admise un ancien arrêt du Parlement de Paris, d'après
laquelle le but de l'action pouvait être d'obtenir le juste
prix de la chose aliénée. Aujourd'hui les créanciers ne
pourraient pas le demander, et le défendeur ne pourrait
pas l'offrir.

Mais les créanciers ne peuvent jamais s'enrichir aux
dépens du tiers; ils devront donc lui rendre le prix
qu'il a payé s'il a tourné à leur profit. Mais il n'aurait
pas droit au prix qui aurait été dissipé par le débiteur;
c'était à lui, puisqu'il connaissait l'insolvabilité du débiteur, à surveiller l'emploi du prix s'il avait assez
de confiance dans son avenir pour oser contracter avec
lui.

Quant aux travaux qui auront été faits sur le fonds
par le possesseur, la question est décidée par l'art. 555
du Code civil; si le possesseur est de bonne foi, il aura
droit soit à ses dépenses, soit à la plus-value, au choix
des créanciers. Quant au possesseur de mauvaise foi,
ils pourront l'obliger à enlever sans aucune indemnité
tout ce qu'il aura placé sur le fonds, et à remettre les
choses dans l'état primitif; ils pourront même le faire
condamner à des dommages-intérêts, à moins qu'ils ne
préfèrent conserver les travaux, auquel cas ils devront
lui rembourser l'intégralité de ses impenses sans pouvoir jamais lui offrir la plus-value.

On a souvent critiqué cette disposition; on a fait remarquer que, dans le cas où le propriétaire veut conserver les travaux, le possesseur de mauvaise foi se
trouve dans une position meilleure qu'un possesseur de

bonne foi, si les impenses sont supérieures à la plus-value. Ce résultat a quelque chose de bizarre, mais il est cependant logique ; car, du moment que le propriétaire a le droit de faire enlever les travaux, il est certain que s'il les conserve, c'est qu'il désire les avoir, c'est qu'il eût été disposé à les faire faire : il ne doit pas, dès lors, trouver dans la mauvaise foi des possesseurs un moyen de s'enrichir ; son droit d'offrir la plus-value ne peut se justifier que par l'obligation où il est de conserver les travaux ; il ne peut donc l'avoir ici, puisque cette obligation n'existe pas. Du reste, en pratique, cette disposition ne lui profitera pas beaucoup ; car il sera à la merci du propriétaire et acceptera par transaction un prix souvent minime, pour n'être pas obligé de faire de nouveaux déboursés pour rétablir les choses dans leur état primitif.

Quant aux fruits, le possesseur de mauvaise foi les doit tous ; le possesseur de bonne foi ne doit que ceux qu'il a perçus depuis la demande (art. 549).

Mais quand le tiers a restitué les biens qu'il détenait, peut-il, les créanciers une fois payés, recourir contre le débiteur ? En matière de contrats, l'affirmative me paraît certaine : la révocation, en effet, n'est prononcée que dans l'intérêt des créanciers ; c'est vis-à-vis d'eux seulement que le droit que le tiers a acquis sur les biens est imparfait ; il subsiste intact, malgré la révocation vis-à-vis du débiteur ; par suite de l'acte frauduleux, le tiers est devenu propriétaire, les créanciers du *fraudator* se paient avec ses biens ; il a donc fait, bien que malgré lui, son affaire, et il a droit à une indemnité. On objecte, à la vérité, qu'il est singulier que la loi ait permis de payer les dettes d'une personne avec les biens d'une autre. Je pense que l'on s'est mépris sur la nature du droit du tiers, droit imparfait, nul, à l'égard des créanciers fraudés, mais qui est parfaitement valable vis-à-vis du *fraur dator* lui-même : le tiers peut donc recourir contre lui pour l'obliger à l'indemniser, en réclamant l'exécution du contrat. Il en serait autrement si le tiers, victime de l'action, avait seulement profité d'une renonciation : dans ce cas, en effet, le *fraudator* n'a contracté envers lui aucune obligation. Mais nous conserverions notre décision en matière de donations, car le donateur doit garantie quand l'éviction provient de son fait (1).

L'effet de la révocation est-il de faire rentrer dans le patrimoine un bien aliéné ? de remettre les choses dans l'état où elles seraient s'il n'y avait jamai u d'aliénation ? Si l'on donne une solution affirmative il faudra décider que tous les créanciers, même postérieurs à l'acte frauduleux, profiteront de sa révocation.

Mais cette solution ne nous paraît pas s'accorder avec la nature de l'action Paulienne ; cette action, avons-nous dit, est une action personnelle, donnée pour contraindre les tiers qui ont contracté avec le *fraudator* à exécuter l'obligation qu'ils ont contractée par cet acte envers les créanciers. Si la révocation de l'acte est prononcée, ce n'est qu'à titre de dommages-intérêts, et parce que c'est l'indemnité la plus exacte que l'on puisse donner pour le dommage causé. Or, envers qui a-t-on contracté cette obligation ? envers les créanciers qui étaient fraudés par l'acte attaqué ; on n'a pu en contracter aucune vis-à-vis des créanciers postérieurs, comment donc ceux-ci profiteraient-ils de l'indemnité qui est accordée aux autres ? On objecte que le fait que le débiteur a tenté de frauder tels créanciers ne peut constituer à leur profit une cause de préférence, mais il n'y a

(1) *Sic* Toullier, Zachariæ, t. IV, § 613; Duranton 6, n° 520 *bis; secus* Proudhon, *Usuf.* 2410.

pas ici de préférence, car ce n'est pas au nom du débiteur, ce n'est pas pour augmenter son patrimoine qu'ils exercent l'action, c'est en leur nom propre et pour forcer un tiers à exécuter une obligation qu'il a contractée envers eux; la révocation de l'acte n'est que l'indemnité qui leur est accordée, mais elle n'est prononcée qu'à leur égard, et nul autre ne pourrait en profiter (1).

§ 7. De la durée de l'action.

C'est encore une question controversée que de savoir par quel délai se prescrit l'action Paulienne. On est d'accord sur le point de départ, ce sera du jour de l'acte frauduleux; on s'est accordé aussi pour rejeter le système de Toullier qui consistait à abandonner la détermination de la durée de l'action à l'arbitraire du juge. La raison qu'il en donnait était, que l'action devait être repoussée quand on avait laissé passer un certain temps sans se plaindre, car on devait alors présumer qu'il n'y a pas fraude. C'était confondre le fait avec le droit.

D'autres auteurs ont proposé le délai de dix ans; en droit romain, disent-ils, l'action était annale, le délai qui correspond chez nous à ce délai d'un an est celui de dix ans que donne l'article 1304. Cet article, du reste, s'applique à toutes les actions en nullité dans lesquelles rentre évidemment la nôtre. Cet article suppose, il est vrai, qu'il s'agit d'une action intentée par les parties, mais c'est parce que c'est le *quod plerumque fit*, et parce qu'il fallait fixer, quant à elles, le point de départ (2).

(1) *Sic* M. Capmas; *secus* Duranton 10, 574; Marcadé, s. 1107; Delvincourt, Favard, C. de cass. 12 avril 1830.
(2) Duranton 10, 585; Colmar 17 fév. 1830, rej. 8 janv. 1830.

D'autres jurisconsultes ont préféré avec raison la prescription de trente ans; d'abord, ont-ils dit, il ne faut pas oublier que l'art. 1167 ne s'applique pas seulement aux conventions, il est plus général, et l'action qu'il donne aux créanciers atteint toute espèce d'actes. Or, l'art. 1304 est spécial aux conventions, il serait arbitraire de l'étendre aux autres actes, et il serait bizarre d'établir pour eux une autre prescription. L'article 1304, du reste, correspond évidemment à l'article 1108, il est spécial aux actions qui résultent de cet article et pour lesquelles il est raisonnable de supposer au bout d'un temps assez court une ratification tacite. Ici il ne saurait en être ainsi; les créanciers peuvent ne connaître que très-tard l'acte lui-même ou l'insolvabilité qui en résulte. Enfin, il y a un argument qui me paraît décisif, c'est que les conventions ne peuvent pas être plus respectées que les jugements et ceux-ci sont attaquables par la voie de la tierce opposition pendant trente ans; il faut donc décider que ce n'est que par ce délai que se prescrira l'action Paulienne (1).

CHAPITRE III.

ANCIEN DROIT COMMERCIAL.

La faillite a pour effet de libérer les débiteurs, dès que les biens d'un commerçant ont été vendus à la suite de la procédure de faillite, ou dès qu'il a obtenu

(1) Proudhon, *Usufr.* 2401; Zach. 2, 349; Duvergier sur Toull., et de nombreux arrêts.

un concordat, les créances sont effacées, il est complétement à l'abri des poursuites, et s'il solde ses créanciers
avec les biens qu'il acquiert plus tard, c'est pour satisfaire sa conscience ou pour obtenir sa réhabilitation.

On conçoit, dès lors, que peu doit importer à un
commerçant qui va faillir le chiffre de l'actif qu'il va
abandonner à ses créanciers. Tel qui a un passif de
100,000 fr., certain d'être libéré par la faillite s'inquié-
tera peu d'abandonner un actif de 50,000 fr., au lieu de
75,000, et s'il a un intérêt d'affection, ou surtout un
intérêt pécuniaire éloigné, un droit de succession par
exemple, il se fera un jeu de détourner au profit d'un
tiers des biens qu'il devrait conserver à la masse de ses
créanciers.

D'un autre côté, le principe de toutes les législations,
depuis la législation romaine jusqu'à nos législations
européennes, a été de maintenir l'égalité des créanciers,
à partir du moment où il devint certain que tous ne seront pas payés intégralement.

De ces idées découlent deux conséquences :

1° A tous les actes que fait le failli, du moment où il
entrevoit la nécessité de sa faillite, doit s'attacher une
présomption de fraude : *Fallitus ergo fraudator*, disait
Balde :

2° Du moment où il est certain que tous les créanciers
d'un commerçant ne seront pas intégralement payés,
toute disposition de ses biens qui préjudicie à la masse
de ses créanciers doit être annulée, soit qu'elle nuise à
tous les créanciers, soit qu'elle profite à une partie
d'entre eux au préjudice des autres.

Cette seconde conséquence est une déduction logique
du principe de l'égalité, et si on l'admet, la présomption de fraude ne sera utile que tant qu'il ne sera pas
présumé légalement que tous les créanciers ne seront

pas payés ; plus tard, en effet, le failli n'a pu faire
aucun acte : inutile, dès lors, de dire que ses actes sont
présumés frauduleux.

Mais n'existe-t-il pas de considérations qui doivent
faire rejeter au moins en partie la conséquence rigoureuse que nous tirons du principe de l'égalité? N'im-
porte-t-il pas de protéger les tiers qui, trompés par les
apparences, ignorant la position critique du futur failli,
le voyant administrer sa fortune, ont contracté avec lui?
N'est-il pas bien injuste de considérer à leur égard le
failli comme dessaisi de l'administration de ses biens,
alors qu'en réalité il les administrait? N'est-il pas bien
dur d'obliger à des rapports qui souvent compromet-
tront sa fortune le tiers de bonne foi, qui après tout
peut dire : *Meum recepi* ? N'est-il pas à craindre enfin,
que par suite de ces rapports une faillite qui pourrait
être isolée n'entraîne une série de sinistres ?

Telles sont les objections qu'ont toujours opposées
les commerçants au raisonnement théorique des jurisconsultes. Telle a été la source de la difficulté excessive
que l'on a éprouvée à réglementer logiquement et à
la fois équitablement cette matière.

Voyons comment on a, à diverses époques, résolu
cette difficulté :

On sait que le droit commercial moderne a pris naissance au moyen âge sur le littoral de la Méditerranée,
sous l'influence des souvenirs du droit romain. C'est
dans les républiques italiennes du moyen âge qu'il
faut chercher les origines de notre droit commercial.
Au xvᵉ siècle, nous voyons le principe du dessaisissement appliqué dans toute sa rigueur à Florence. Après
la faillite notoire, nous dit Straccha, tous les actes faits
par le débiteur sont considérés comme simulés et annulés en conséquence. A Gênes, le statut de 1498 ad-

met la même théorie ; on va même plus loin, on annule les actes faits par le failli dans les quinze jours qui précèdent la notoriété de la faillite.

La France entra tard dans cette voie, ordonnance de 1673 ne consacra à cette matière qu'un seul article dans lequel elle ne fit que poser le principe de l'application de l'action Paulienne aux actes faits par les faillis.

Mais six ans auparavant, un règlement spécial à la ville de Lyon avait décidé que, depuis la faillite publiquement connue ou dans les dix jours qui l'avaient précédée, les cessions et transports consentis sur ses biens par le débiteur, et les actes passés par lui devant notaires seraient nuls. De plus, les jugements rendus contre lui depuis cette date ne pourraient emporter aucun droit de préférence.

En 1702, une déclaration étendit à tout le royaume les dispositions du règlement de 1667, mais cette déclaration ne fut pas enregistrée dans tous les parlements (en Languedoc par exemple), en sorte qu'il n'y eut pas sur ce point d'unité dans la législation. Le parlement de Paris, en enregistrant la déclaration, inséra dans son arrêt une réserve ; on eût pu croire, en effet, que l'art. 4 de l'ordonnance était abrogé par cette déclaration, il eut soin de le réserver en disant : « Que le roi serait humblement supplié de trouver bon que, lorsqu'il se trouvera de la fraude dans les actes, le juge puisse la punir et juger comme il eût fait avant la déclaration.

Mais quel était exactement le principe qui avait prévalu dans cette déclaration ? le failli devait-il être considéré comme dessaisi dix jours avant la faillite publiquement connue, ou bien n'y avait-il qu'une présomption de fraude restreinte aux actes énumérés dans la déclaration et cédant même à la preuve contraire. La première de ces idées paraît résulter du texte de la déclaration ; toutefois, les raisons d'utilité que nous connaissons, feront pencher souvent la doctrine et la jurisprudence vers la seconde. C'est ainsi que nous voyons de Serres (1), admettre ceux qui ont traité avec le failli, à prouver qu'il n'y a pas eu fraude, et le parlement de Flandre, juger que les ventes ne rentrent pas dans les actes atteints par la déclaration. Ce sont encore ici les motifs d'utilité qui l'emportent, et on observe que les collusions sont moins à craindre dans les ventes, et que les frapper de nullité ce serait détruire le crédit immobilier des commerçants et transformer souvent en faillite un embarras momentané (2).

CHAPITRE IV.

LÉGISLATION SOUS LE CODE DE 1808 (3).

Le premier projet de Code de commerce parut en frimaire an X, il se montrait d'une rigueur extraordinaire ; ce n'était plus à la faillite publiquement connue que l'on s'attachait, c'était à la date de l'ouverture de la faillite, et elle était fixée, soit par la date de la déclaration du débiteur, soit faute de déclaration par le premier protêt faute de paiement, ou à défaut de protêt par le premier acte constatant un refus de payer. On main-

(1) De Serres, *Inst.* l. i, t. vi, § 3.
(2) Arrêt 14 août 1769.
(3) On le désigne généralement ainsi, bien qu'il ait été voté en 1807, parce qu'il ne fut exécutoire qu'à partir du 1er janvier 1808.

tenait dans tous les cas le délai de 10 jours, et les actes étaient divisés suivant leur nature en deux catégories.

Les uns, comme l'acquisition de priviléges et d'hypothèques, les actes translatifs de propriété immobilière et les paiements de dettes non échues, étaient déclarés nuls ; les autres, comme les actes et engagements pour faits de commerce, étaient seulement présumés frauduleux et pouvaient être validés si les tiers prouvaient qu'ils avaient ignoré l'insolvabilité du failli.

Une pareille législation eût été de la plus révoltante iniquité. Une personne n'avait jamais laissé protester, passait pour très-solvable, l'était peut-être ; plein de confiance dans son crédit on avait contracté avec elle, et si dans les 10 jours qui suivaient le contrat il survenait un protêt, beaucoup plus tard une faillite, on aurait vu l'acte annulé, on se serait trouvé obligé de faire la preuve, toujours difficile, quelquefois impossible, de sa bonne foi et on n'avait cette alternative que dans le cas le plus favorable, celui où l'on n'aurait fait qu'un acte de commerce. C'était un résultat inique, dangereux pour les particuliers, funeste à l'intérêt général du commerce, destructeur du crédit.

Aussi le Code de 1808, tout en adoptant une législation rigoureuse, n'alla pas aussi loin. On s'attache toujours à la date de l'ouverture de la faillite, mais elle se détermine autrement, ce n'est qu'à partir de cette date que le failli est dessaisi, et l'on ne maintient le délai de 10 jours que pour les présomptions de fraude, enfin la nullité des actes translatifs de propriété immobilière est restreinte aux actes à titre gratuit, et tout le système relatif à la deuxième catégorie d'actes est changé.

D'abord dans le projet, l'ouverture de la faillite pouvait être fixée, à défaut de déclaration du failli, par le

premier protêt ou le premier acte constatant un refus
de paiement. Ainsi cette ouverture de la faillite était
tantôt postérieure à la cessation des paiements, tantôt
de longtemps antérieure. Dans ce cas, l'ouverture de
la faillite paraissait correspondre au commencement de
de la crise dont le résultat devait être la cessation des
paiements. (On voit toute l'incohérence de cette théorie, le débiteur en faisant sa déclaration validait une
multitude d'actes qui eussent été annulés sans cela,
puisqu'on eût reporté plus haut l'ouverture de la faillite.) L'art. 441 du Code donne un autre sens au mot
ouverture de la faillite ; elle est fixée par un jugement
et se détermine soit par la disparition du débiteur, soit
par des protêts, soit par la clôture de ses magasins,
pourvu que ces faits soient accompagnés de cessation
des paiements ou de la déclaration. Ainsi malgré la
confusion de la rédaction de cet article, est-il vrai de
dire que l'ouverture de la faillite était déterminée par
la cessation des paiements.

Un second changement plus important encore consistait dans la suppression de la présomption de fraude ;
tous les actes pour faits de commerce ne sont présumés
frauduleux, que quant au failli, vis-à-vis des tiers il faut
prouver la fraude.

Un troisième consistait en ce que les paiements de
dettes non échues ne sont annulés que s'il s'agit de
dettes commerciales. Tous les autres actes, même les
donations mobilières, sont soumis aux principes généraux sur l'action Paulienne.

Voyons les critiques que l'on pouvait faire sur cette
législation tout en admettant son système sur les nulli-
tés et les présomptions de fraude.

D'abord on avait oublié de prononcer l'annulation
des actes constitutifs d'antichrèse, et cet oubli ne pou-

vait se suppléer; car on ne pouvait ranger l'antichrèse parmi les priviléges, puisqu'il ne confère aucun droit de préférence sur le prix de l'immeuble et il devait cependant être atteint, puisqu'il donne un droit aux fruits.

Puis n'y avait-il pas à la fois injustice et contradiction à annuler l'hypothèque en validant l'emprunt qui, sans doute, avait été fait en vue de l'hypothèque? N'était-ce pas ruiner le crédit immobilier des commerçants, empêcher le débiteur embarrassé de tirer un parti avantageux de ses immeubles, et le précipiter dans une faillite à laquelle il eût pu peut-être échapper?

Et les donations mobilières? N'était-il pas bizarre et contradictoire de les maintenir alors qu'on annulait un paiement anticipé?

Enfin l'art. 443, si on l'interprétait strictement, allait empêcher l'acquisition d'un privilége sur les biens du failli, et voyez pour la plupart des priviléges, l'injustice de cette conséquence. Comment! j'avais été obligé de consentir à un partage : malgré moi, le sort m'avait fait créancier d'une soulte, cette opération allait rester valable malgré la perte de mon privilége. Heureusement on avait repoussé cette conséquence inique et dans la jurisprudence comme dans la doctrine, on décidait que tous les priviléges (sauf le gage qui est effectivement plutôt une hypothèque qu'un privilége) ne s'établissant pas par convention et résultant de la force de la loi, ne s'acquièrent véritablement pas; on acquiert la créance et la loi donne le privilége.

Le même motif entraînait la même décision pour les hypothèques légales; on l'a nié cependant pour l'hypothèque de la femme, mais je ne vois aucune raison satisfaisante de décider ainsi.

La jurisprudence alla plus loin : elle valida des hypothèques consenties après la cessation de paiements

pour des dettes contractées par les mêmes actes. On
ne peut pas, disait-on, séparer l'hypothèque de la
créance (1). Enfin, les distinctions que le Code établissait
entre les actes civils et les actes commerciaux, entre
les paiements de dettes commerciales et les paiements
de dettes civiles (ce qui n'existait pas dans le projet de
l'an X) étaient-elles bien logiques? Pourquoi tel créancier était-il à l'abri parce que sa créance avait une cause
civile? Toutefois, certains jurisconsultes (2) décidaient
que les paiements de dettes civiles devaient être frappés *a fortiori*, car le paiement anticipé d'une dette
commerciale peut, à la rigueur, s'expliquer par une
opération d'escompte, et il n'en est pas ainsi des dettes
civiles. Mais cette opinion était très-contestée, et d'autres jurisconsultes (3) appliquaient l'art. 447 au paiement des dettes civiles non échues.

Ainsi sur le point qui nous occupe comme sur d'autres, il y avait lieu à la révision du Code; mais bien
d'autres difficultés étaient nées de l'interprétation qu'en
avait faite la jurisprudence.

Nous avons vu que, par le jugement déclaratif de
faillite, le tribunal fixait la date de la cessation des
paiements, ou, pour nous servir des expressions du
Code, de l'ouverture de la faillite. Mais cette date n'était
même pas irrévocablement fixée, et la jurisprudence
admit que l'on pouvait par un jugement postérieur reporter plus loin encore la faillite. On abusa de ces deux
prérogatives, on ne connut plus dans les reports des
faillites d'autres limites que la prescription, dès lors
ceux des tiers qui avaient contracté avec le failli, même

(1) Paris, 13 août 1834.
(2) Pardessus.
(3) Duranton.

antérieurement à la cessation de ses paiements fixés par le jugement déclaratif, n'étaient à l'abri ; car un second jugement pouvait reporter plus loin l'ouverture de la faillite : dès lors plus de sécurité dans le commerce. La jurisprudence s'efforça de parer à cet inconvénient.

L'article 442 disait qu'à partir de la faillite, le failli était dessaisi de l'administration de ses biens ; évidemment il voulait dire que, à partir de la cessation des paiements, c'est ce qu'il entendait par la faillite (l'art. 441 le prouvait bien), le débiteur n'avait pu administrer : tous les actes qu'il avait faits étaient nuls ; dans l'art. 443, le législateur passait à un autre ordre d'idées ; il s'occupait des actes faits antérieurement à la cessation des paiements, et pour ces actes il établissait des présomptions de fraude.

Par l'effet des reports de faillite, l'inconvénient était immense, puisque on arrivait à annuler tous les actes faits par le failli depuis un terme très-éloigné qui fut quelquefois de vingt ans. La jurisprudence s'en effraya.

Quelques arrêts appliquèrent le système rigoureux du Code, mais la plupart entrèrent dans une voie nouvelle. Ils interprétèrent le Code par la déclaration de 1702 et abandonnèrent la théorie du dessaisissement absolu à partir de la cessation des paiements. On exigea une condition de plus pour appliquer l'art. 442, la fraude, la mauvaise foi du tiers, et elle dut consister dans la connaissance de la position du failli ou du moins dans la notoriété de la faillite. Un arrêt de la Cour de cassation, du 28 mai 1823, confirmatif d'un arrêt de Paris, fixa en ce sens la jurisprudence, la Cour va jusqu'à dire que l'on ne voit point que le législateur ait attaché de présomption de fraude à tout acte fait entre l'ouverture et la déclaration ; je le crois sans peine, puisqu'il les annulait complétement.

D.

Malgré l'analogie qui paraît exister, on ne donna pas la même décision pour l'inscription des hypothèques, et tandis qu'un contrat passé avec le failli était validé quand le tiers était de bonne foi, on annulait l'inscription qu'il avait prise (1). Le motif qu'on donnait de cette différence me paraît peu satisfaisant. On disait que celui qui contractait avec le failli n'acquérait qu'un droit égal à celui des créanciers, celui de concourir avec eux; celui, au contraire, qui acquérait une hypothèque par l'inscription, acquérait une position supérieure, il serait préféré. Cela est vrai, sans doute, si le tiers a acquis une obligation du failli; mais si l'acte validé est un paiement, il est certain que le créancier payé a une position supérieure encore à celle du créancier hypothécaire.

Quoi qu'il en soit, cette jurisprudence avait évidemment changé la loi. Quelques auteurs l'approuvèrent (2)· d'autres, tout en considérant les résultats comme satisfaisants, attaquèrent vivement ses décisions (3).

Pendant ce temps d'autres causes amenaient un changement de la législation des faillites; les difficultés et les longueurs de la procédure, la multiplication des frais avaient fait qu'au grand préjudice d l'intérêt de beaucoup de créanciers, beaucoup de faill tes n'étaient pas déclarées et se liquidaient sans les g ranties que la loi donne aux créanciers.

Dès 1827, le garde des sceaux demandait l'avis d chambres de commerce, et en 1834 apparut un proj de loi.

Le projet acceptait la jurisprudence, le principe dessaisissement avait disparu. On revenait à la décla

(1) Arrêt de Bordeaux suivi de rej. 31 août 1831.
(2) Pardessus.
(3) Boulay-Paty, Tronson.

tion de 1702 : l'ouverture de la faillite était la cessation
notoire des paiements. Ce n'est plus qu'à partir de cette
époque, et non dans les 10 jours qui la précèdent, que
sont présumés frauduleux les actes ou paiements faits
par le débiteur. Sur ce point le projet ne diffère de la jurisprudence qu'en ce que la preuve est mise à la charge
des tiers. Sur les autres points on donne satisfaction à
la plupart des critiques que nous avons exposées : ici encore on imitait la jurisprudence.

CHAPITRE V.

LÉGISLATION ACTUELLE (Loi du 10 mai 1838).

La question qui soulevait le plus de difficultés lors de
la discussion du projet fut de savoir comment l'on ré-
glerait le sort des actes postérieurs à la cessation des
paiements ; le projet décidait, comme nous venons de le
voir, que tous les actes ou paiements faits par le débiteur dans l'intervalle entre l'ouverture de la faillite et le
jugement déclaratif étaient présumés frauduleux, et
qu'ils ne pouvaient être déclarés valables que si les tiers
qui y avaient été parties prouvaient qu'ils ignoraient le
mauvais état des affaires du failli.

Nous avons vu que, d'un autre côté, l'ouverture de la
faillite devait être fixée à la date de la *cessation notoire*
des paiements, il y avait donc une présomption légale de
fraude, et comme conséquence une nullité radicale de
l'acte subordonnée à une présomption *juris tantum*, la
connaissance acquise par le tiers du mauvais état des affaires du failli. L'on peut prouver que l'on ne connaissait pas la cessation des paiements, mais il est interdit de

prouver que connaissant la cessation des paiements l'on était de bonne foi (1).

On justifiait ainsi cette théorie, terme moyen entre le dessaisissement absolu du Code de 1808 et la présomption de fraude de la part du failli seul qui était déjà proposée, en disant, qu'en logique rigoureuse on eût dû déclarer nul tout ce qui avait été fait postérieurement à l'ouverture de la faillite. Par exception aux principes, par faveur pour les tiers, cette nullité radicale avait été remplacée pour certains actes par une simple présomption de fraude : c'était faire beaucoup pour les tiers, et l'on ne devait pas aller trop loin dans cette voie.

Cette théorie était attaquée en deux sens contraires : les partisans du dessaisissement absolu reproduisirent dans un amendement l'idée du Code de 1808. On dit a l'appui que c'était une conséquence logique du principe de l'égalité entre les créanciers d'un insolvable ; que décider autrement c'était laisser dans la loi une contradiction ; que si l'on fixait la date de la faillite à une époque antérieure au jugement déclaratif, il était illogique de ratifier les actes postérieurs, et pour répondre aux objections pratiques on faisait observer que les chambres de commerce avaient paru demander que l'on sévît avec rigueur contre les actes frauduleux. Cet amendement fut repoussé par les raisons pratiques que nous connaissons : la faveur que mérite la bonne foi du tiers et l'intérêt général du commerce.

D'autres personnes trouvaient au contraire le projet

_____

(1) Il ne faudrait pas croire en effet que la bonne foi soit incompatible avec la connaissance de la cessation des paiements; on a jugé avec raison, depuis la loi de 1838 (Dij. 9 janv. 1843), qu'un ami du failli, parfaitement instruit de l'état de ses affaires, qui lui a fait des avances employées utilement, et qui a reçu un paiement avant le jugement déclaratif, est de bonne foi.

trop rigoureux : imposer aux tiers la preuve de leur ignorance, c'était les exposer à se voir condamner malgré leur bonne foi, puisque la preuve qui leur incombait était une preuve négative, et par conséquent, sinon impossible, au moins très-difficile. Et la présomption de notoriété n'était-elle pas bien arbitraire ? Ce qui est notoriété dans un quartier ne l'est pas dans une ville, ce qui l'est dans une ville ne l'est pas dans un canton. Pour tel petit marchand il y aura notoriété quand la faillite sera connue de ses voisins, et alors que de tiers pourront être trompés ! Pour tel banquier d'une grande ville, il n'y aura notoriété que lorsque toute la France connaîtra sa faillite. Enfin, de quoi peuvent se plaindre les créanciers ? ne sont-ils pas en faute ? si la faillite était notoire, que ne la faisaient-ils déclarer ?

Pour parer à ces inconvénients deux moyens furent proposés : l'un consistait à limiter le droit des tribunaux de reporter la faillite, et deux amendements furent proposés, dont l'un limitait ce temps à vingt-quatre heures, l'autre à un mois. Mais ils furent successivement repoussés et avec raison ; car on ne reporte véritablement pas la faillite, on déclare un fait, elle a eu lieu à telle date. Il eût été illogique, dès lors, de limiter le droit des tribunaux. Et que d'abus n'allait-on pas protéger ! on allait entrer, comme le disait spirituellement M. Teste, dans l'Eldorado des faillites.

On préféra donc mettre la preuve de la mauvaise foi des tiers à la charge des créanciers, et ne présumer la fraude que chez le failli. Dans ce système, disait-on, tous les intérêts sont sauvegardés, la bonne foi est seule à l'abri : il fut admis par la Chambre des députés et, malgré l'opposition du Gouvernement, par la Chambre des pairs, et la seconde rédaction du projet parut avec l'article 447. Dans l'article 433 on supprima le mot *notoire*, et le tribunal eut à fixer la date de la fixation réelle des paiements.

Ainsi donc la théorie du dessaisissement était abandonnée; la longue résistance du commerce, après avoir triomphé de la jurisprudence sous la législation de 1702 et de 1308, avait triomphé de la loi même.

Voici quelle était en résumé la théorie de la nouvelle loi :

Le tribunal déclare la faillite, et soit dans le jugement de déclaration, soit par un jugement postérieur, il peut fixer à une date antérieure la date de la cessation des paiements (l'expression *ouverture de la faillite* est remplacée partout par ces expressions plus nettes) ; s'il ne le le fait pas, elle sera réputée dater du jour de la déclaration de faillite. Le tribunal n'est pas lié du reste par son premier jugement, et il peut postérieurement reporter plus haut encore l'époque de la cessation des paiements. L'expiration du délai pour la vérification et l'affirmation des créances, fixe seule d'une manière irrévocable à la date déjà marquée la cessation des paiements (581). Le dessaisissement n'a lieu qu'à partir du jugement déclaratif, il est absolu, et, quelle que soit la bonne foi des tiers, les actes postérieurs sont nuls.

Tous les actes préjudiciables à la masse et postérieurs à la cessation des paiements peuvent être annulés, si l'on prouve que les tiers avaient connaissance de la cessation des paiements.

Enfin, certains actes faits à partir du 10ᵉ jour qui précède la cessation sont nuls de plein droit.

De plus, la loi contient une disposition nouvelle su l'inscription des hypothèques.

§ 1. — *Des actes postérieurs à la cessation des paiements.*

C'est avec raison que l'on a supprimé dans la loi de 1838 l'assimilation des 10 jours précédents à la période qui suit; il est bien difficile de connaître l'insolvabilité d'un commerçant 10 jours avant qu'il ait cessé ses paiements; souvent, d'ailleurs, lui-même peut se considérer comme solvable; il fallait donc restreindre cette assimilation aux actes qui enrichissent le tiers et qui portent en eux-mêmes la preuve de la fraude.

Sous le Code de 1808 on discutait vivement la question de savoir si le juge pouvait, lorsque une connaissance de la position du failli était prouvée, ne pas prononcer l'annulation. La nouvelle loi a-t-elle tranché la difficulté en plaçant dans 447 le mot *pourront?*

La raison de douter vient de la discussion à la Chambre des députés, d'après laquelle ce mot aurait été placé en vue de l'hypothèse où la masse n'éprouverait pas de préjudice réel. Cependant on a jugé avec raison (1) que le juge pouvait ne pas annuler; l'équité l'exige, et l'on n'a rien dit dans la discussion qui puisse exclure cette solution. Sans doute ce n'est pas ce but qu'on a eu spécialement en vue; mais des expressions même dont on s'est servi, il résulte qu'on n'a pas voulu ne comprendre qu'une seule hypothèse.

Nous verrons plus loin comment doit se fixer la date des contrats.

Mais ici le porteur d'une lettre de change qui a été payée par le failli ne peut jamais, même s'il avait con-

_____

(1) Dijon, 9 janv. 43, dans l'hyp. citée plus haut en note. *Sic* Renouard-Pailleter, t, 372.

naissance du mauvais état de ses affaires, être obligé au rapport. C'est là une heureuse innovation de la loi de 1838. Il était en effet souverainement injuste de l'obliger à rapporter à une époque où il n'avait plus de recours contre ses garants, puisqu'il n'avait pu faire de protêt ni refuser le paiement. D'un autre côté, lui accorder par le jugement qui le condamne au rapport un recours contre ses endosseurs, c'eût été rendre des tiers de bonne foi victimes de la connaissance que le porteur avait de la position du failli. On préféra donc avec raison refuser toute action contre le porteur et en donner contre le tireur ou le premier endosseur, s'il s'agit d'un billet à ordre, en maintenant à leur égard la condition ordinaire. Les créanciers auront à prouver qu'ils connaissaient, lors de l'émission du titre, la cessation des paiements.

§ 2. *Actes faits dans les 10 jours qui précèdent la cessation des paiements et nuls de plein droit.*

A l'égard de ces actes il n'y eut jamais de difficultés, le principe de leur nullité ne fut jamais contesté, on a seulement critiqué le délai de 10 jours. Ou la faillite, dit-on, existe dès cette époque et il faut la reporter 10 jours plus haut, ou elle n'existe pas, et alors pourquoi annuler les actes ? La réponse est facile : sans doute la faillite n'existe pas alors, mais on présume que le débiteur commence à en voir la possibilité et à penser à faire les actes nécessaires pour frauder ses créanciers ; aussi trouvera-t-on frauduleux certains actes. On peut seulement reprocher au délai de 10 jours un peu d'arbitraire. Mais le moyen de l'éviter ? Comment prendre un délai qui ne soit pas arbitraire ? Celui de 10 jours avait l'avantage d'être dans nos mœurs, il date de l'ordonnance de 1702. Certaines législations étrangères (1) font varier le délai suivant la nature des actes, c'est peu logique ; il faut un délai unique, car la date que l'on fixe est celle où le débiteur entrevoit la probabilité de sa faillite et cette date ne peut varier suivant la nature des actes qu'il fait pour abuser de cette position.

Les actes nuls quand ils sont faits après le 10° jours avant la cessation des paiements, sont :

1° Tous actes à titre gratuit. Ainsi se trouve effacée cette distinction peu raisonnable entre les donations immobilières et mobilières ; distinction dangereuse, car celles-ci sont plus faciles et plus fréquentes.

Appliquera-t-on cette disposition aux donations rémunératoires ? Je crois que l'on devra les maintenir quand elles seront proportionnées aux services rendus, c'est une question d'appréciation abandonnée aux tribunaux (2).

Quant aux donations faites en faveur de mariages, pas de difficulté ? Nous avons déjà décidé, en nous occupant de l'action Paulienne, que ce contrat était à titre gratuit, à plus forte raison donnerons-nous ici la même décision. L'art. 446 est très-formel, et il a des motifs plus pressants encore de craindre la fraude, car la faillite libère le failli en sorte qu'il pourrait profiter impunément de la succession du donataire.

Et ici la révocation sera prononcée même à l'égard du mari, car l'acte primitif est frappé d'une nullité radicale, il n'y a plus d'action personnelle, l'action suivra les biens donnés, et le mari, bien que sous-acquéreur à titre onéreux, ne pourra pas mettre obstacle à la révocation.

2° Tous paiements soit en espèces soit par transport,

(1) Code de Hollande, 769 et s. Ce délai varie de 120 à 40 jours.
(2) *Sic* M. Renouard, M. Capmas.

vente, compensation (1) ou autrement pour dettes non-
échues. (Plus de distinction entre les dettes civiles et
les dettes commerciales.)

La nullité des paiements faits avant l'échéance ne
s'applique pas aux paiements de corps certains, car le
créancier en est propriétaire, et peu importe qu'il soi
ou non payé avant le terme, puisqu'il eût pu revendiquer contre la masse.

On comprend facilement la raison de l'annulation,
c'est qu'il y a ici un avantage conféré par le failli à son
créancier et une violation préméditée du principe d
l'égalité entre les créanciers.

C'est une question controversée que celle de savoi
si un paiement avant le terme, sur lequel on a reten
l'escompte, est valable. Pour l'affirmation, on dit qu
l'escompte est l'équivalent du terme, par conséquent
le créancier n'a reçu que ce qui lui est dû. Mais ce n'e
est pas moins un paiement, un paiement précipité, et s
l'on admettait l'affirmative, il serait trop facile d'élude
la loi (2).

3° Tous paiements faits autrement qu'en espèces o
en effets de commerce.

La commission, qui ajouta cette disposition au proje
avait parlé de paiements faits par aliénation d'imme
bles ou de mobilier; on trouva cette expression tro
vague, et pour y comprendre, à coup sûr, les paiemen
faits en marchandises, on substitua à cette rédaction
rédaction actuelle.

Rien de plus juste que cette disposition; il est to
naturel de supposer que le créancier se voyant pa

_____

(1) Elle ne pourra évidemment être que conventionnelle,
compensation légale n'ayant lieu que si les dettes sont exi
bles.

(2) *Sic* Dalloz, 280; *secus* Laîné, p. 04.

d'une manière si inusitée, par une *datio in solutum*, a dû s'apercevoir de la situation embarrassée de son débiteur.

Cependant, ce créancier ne pourrait-il pas dire : Je n'ai pas reçu un paiement, j'ai acheté à mon débiteur, je suis devenu à mon tour son débiteur et nos dettes se sont mutuellement compensées? Mais ce raisonnement ne sera pas écouté, et chaque fois que la vente dégénérera en paiement, on devra, comme l'a fait la Cour de Cass., le 30 mai 1848, prononcer la nullité.

Toutefois l'envoi de marchandises en compte courant entre marchands qui ont l'habitude de travailler ainsi, ne sera pas attaqué, bien qu'il y ait compensation entre les comptes courants. C'est qu'ici les habitudes de ces commerçants ne permettent pas de supposer que l'achat n'a été fait qu'en vue d'obtenir le paiement. Il faut avant tout, disait à la Chambre des pairs M. Tripier, que l'opération ait le caractère d'un paiement; de plus, la loi parle de dettes à échéances fixes, ce qui ne peut s'entendre d'un compte courant. La Cour de Grenoble a cependant jugé le contraire, le 13 août 1848. On dit en ce sens qu'il serait facile d'éluder la loi; mais non, car il faut l'habitude des deux parties. Mais, ajoute-t-on, on supposera des envois de marchandises. On a contre cette fraude la garantie du code pénal, d'après lequel on y verrait un faux en écritures de commerce. (Pén. 147.)

Ici naturellement le porteur d'une lettre de change est, comme tout autre, obligé au rapport, car il peut ne pas recevoir avant l'échéance et refuser un paiement qui ne serait pas offert en espèces.

4° Les hypothèques conventionnelles et judiciaires, les droits de nantissement et d'antichrèse, constitués sur les biens du débiteur pour dettes antérieurement contractées.

On voit que par cette disposition on a satisfait à tou-

tes les critiques que nous exposions en traitant du Code
de 1808, et auxquelles avait remédié la jurisprudence.

Cependant l'innovation introduite par les expressions
antérieurement contractées, idée qu'admettait du reste
déjà la jurisprudence, ne passa pas sans difficulté.
MM. Testo et Pascalis objectèrent que la constitution
d''hypothèque est un acte suspect de la part d'un commerçant; c'est avec raison que le Code l'avait proscrite,
et depuis trente ans que cette disposition était en vi-
gueur personne ne s'en était plaint. On eût pu répondre
que l'on avait eu une excellente raison pour ne pas se
plaindre de la disposition du Code de 1808 : c'est
qu'elle n'avait pas été appliquée (1). Mais M. Barthe, en
se bornant à répondre que cette théorie était une iniquité flagrante, qu'autant valait défendre aux commerçants d'avoir des immeubles, puisqu'ils n'en pourraient
tirer aucun crédit, n'eut pas de peine à faire triompher
la disposition de l'article.

Ici encore, tous les moyens que l'on emploiera pour
éluder la loi seront inutiles : ainsi si l'on a recours à une
novation, on annulera l'hypothèque (2); ainsi encore,
si un créancier chirographaire fait un nouveau prêt
afin d'obtenir une hypothèque qui garantisse toute
sa créance, on réduira l'hypothèque au montant du
deuxième prêt.

L'article 440 paraît respecter dans tous les cas les
hypothèques légales ; il ne faut cependant pas admettre
ceci sans restriction : il est des hypothèses où une hypothèque légale pourrait s'acquérir frauduleusement et
par convention. Ainsi la Cour d'Angers a jugé avec
raison le 21 juin 1840, que l'hypothèque légale que la

(1) Arrêt de Paris déjà cité, du 13 août 1831.
(2) Nancy, 24 janvier 1842.

femme d'un commerçant acquérait frauduleusement en s'obligeant avec son mari vis-à-vis de quelques-uns de ses créanciers, était frappée par les articles 446 et 447. Cependant la Cour de Cassation, tout en rejetant le pourvoi le 15 mai 1850, paraît dans ses motifs ne décider ainsi que parce que l'espèce est celle que prévoit l'article 447, et elle se montre disposée à donner une décision contraire si l'annulation était requise en vertu de l'article 446. Je ne crois cependant pas qu'il y eût lieu à distinguer : la loi n'excepte les hypothèques légales que parce qu'elle ne prévoit pas qu'elles puissent s'acquérir par convention ; elle n'a pas du tout en vue de protéger spécialement la femme : or, ici l'hypothèque légale s'acquiert véritablement par une convention entre la femme et le mari, elle n'est en réalité qu'une hypothèque conventionnelle, et elle doit en conséquence être soumise au droit commun.

Passons maintenant à l'examen des difficultés qui se sont élevées sur les époques auxquelles il convient de fixer la date des contrats. Il existe à cet égard de nombreuses controverses ; pour nous, nous pensons que, dans tous les cas, on doit s'attacher à la date du consentement des parties.

Et d'abord pour les translations de propriété à titre onéreux, on ne devra avoir aucun égard à la transcription, car les créanciers ne peuvent opposer le défaut de transcription : ce droit n'appartient qu'à ceux qui ont des droits sur l'immeuble, d'après la loi de 1855.

Mais en est-il de même des translations de propriété immobilière à titre gratuit : on en a douté ; la Cour de Cassation a même accordé aux créanciers chirographaires le droit d'opposer le défaut de transcription. On a dit qu'à l'égard de tous les tiers, la donation non transcrite est considérée comme n'existant pas ; l'article 941 emploie, en effet, à dessein l'expression la plus large, *tous intéressés*. On a voulu résumer ainsi l'art. 27 de l'ordonnance, qui les comprenait effectivement dans son énumération de ceux qui pouvaient opposer le défaut d'insinuation.

Pour nous, nous préférons le sentiment contraire (1); l'art. 941, en effet, est évidemment, dans l'esprit du législateur, corrélatif à l'art. 939 ; qui n'exige la transcription que pour les donations de biens susceptibles d'hypothèque : on abandonne complétement la théorie de l'insinuation, et on indique bien que la transcription n'est exigée que pour la sécurité des acquéreurs de droits réels. C'est précisément dans ce but que l'ancienne énumération a été abandonnée. Enfin, la discussion nous prouve que le législateur, ayant à choisir entre l'insinuation et la transcription, avait choisi la transcription, telle qu'elle était organisée par la loi de brumaire ; d'ailleurs, s'il eût voulu créer ici une transcription spéciale, il l'eût dit d'une façon plus expresse, or la loi de brumaire ne permettait qu'aux acquéreurs de droits réels d'opposer le défaut de transcription. Enfin il serait injuste d'assimiler, par suite de l'oubli d'une formalité, une donation qui a été faite de bonne foi à une époque où le donateur était riche, à celle qui aurait été faite dans le but de tromper les créanciers.

De ce que les créanciers chirographaires ne peuvent opposer le défaut de transcription, il résulte que l'acte de donation pourra être transcrit même après le jugement déclaratif, et jusqu'au moment où la masse aura

---

(1) *Sic* Merlin, *Rép.*, v° Donation; Gren, *Hyp.* 360; Coin-Delisle, 941, 14; Troplong, *Hyp.* 904; Devilleneuve, sur un arrêt du 17 avril 1811, Grenoble, 17 juin 1822. — *Secus* Delvincourt, Duranton, 8, 517, C. de Cass. 7 avril 1841.

pris une inscription, et acquis un droit réel sur les biens. (La jurisprudence repousse aussi cette théorie.) (1).

Nous ne tiendrons donc aucun compte, dans aucun contrat, de l'époque de la transcription. Mais ici surgissent de nouvelles difficultés pour plusieurs contrats, — les contrats qui se forment par correspondance, — les donations quand l'acceptation ne se fait pas immédiatement — les transports et les nantissements de créance.

Et d'abord, quand sont parfaits les contrats formés par correspondance, suffit-il du concours des volontés ; ou faut-il que le pollicitant connaisse l'acceptation de l'autre partie ?

D'éminents jurisconsultes et des arrêts ont soutenu que l'acceptation ne suffisait pas à former le contrat, qu'il fallait de plus que les pollicitants aient connaissance de cette acceptation. Il faut, dit-on, pour former un contrat, que deux personnes consentent ensemble et sachent chacune que l'autre consent. On ne peut se trouver à son insu lié par un contrat. Le Code est muet sur cette idée, mais dans le cas unique où il s'en occupe il décide en ce sens dans l'article 932.

Je ne saurais accepter cette opinion. Et d'abord écartons l'art. 932, nous verrons en effet bientôt qu'au point de vue qui nous occupe, il n'exclut pas à l'égard même de la donation toute controverse. Dans tous les cas, il serait spécial à une matière exceptionnellement rigoureuse, et dans laquelle on a cherché à multiplier les entraves à la volonté des parties. Toutefois le projet du Code donnait même sur cette disposition une décision moins dure : la donation était parfaite du jour de l'acceptation, ce n'est qu'à la suite des observations du tri-

(1) Ch. des Req. 26 nov. 1845.

bunat qu'on y apporta les changements que nous voyons aujourd'hui. Eh bien ! dans ces observations du tribunat trouvons-nous, parmi ses arguments, ce principe, qu'un contrat ne se forme que par la connaissance qu'acquiert le pollicitant de l'acceptation de l'autre partie ? En aucune façon : l'argument principal du tribunat est un motif de faveur pour le donateur, un argument tout spécial à la matière (bien peu fondé d'ailleurs !). On disait : Mais vous allez exposer le donateur ignorant l'acceptation à des recours des tiers avec lesquels il a traité, il va être victime de son offre généreuse. Nous reviendrons plus loin sur cet article; qu'il nous suffise ici de l'avoir écarté de notre discussion. On ajoute, et c'est là l'argument de droit naturel du système contraire, que l'on ne peut à son insu se trou·ver lié par un contrat.

Mais que l'on prenne garde que cet argument ne conduise trop loin. Le contrat, dites-vous, se formera dès que le pollicitant connaîtra l'acceptation : donc, et c'est la conséquence logique qu'en ont tirée certains arrêts, l'acceptant pourra jusqu'a ce moment révoquer son acceptation. Mais en ce moment il l'ignore; il va donc être lié par un contrat à son insu, faudra-t-il donc que lui aussi apprenne que sa partie a reçu la notification avant d'avoir révoqué. En continuant ce raisonnement on arrivera à un échange perpétuel de notifications, en un mot à supprimer la possibilité de contracter par correspondance.

Quant aux arguments des docteurs Balde, Bartole Straeicha, que Merlin résume, ils ne touchent même pas à la question : ainsi la lettre de l'acceptant est, disaient-ils, un procureur chargé de porter son acceptation. On peut révoquer un procureur, donc on peut révoquer la lettre, donc l'acceptant n'est pas lié. Sans doute on peut révoquer un procureur chargé de porter une accepta-tion, mais on ne révoquerait pas ainsi l'acceptation même, et la question resterait toujours de savoir si on est lié par elle.

On invoque souvent, dans notre opinion, l'art. 1121, l'offre ne peut plus être révoquée si le tiers a déclaré *vouloir en profiter*. Mais cet argument n'est pas bien fort, car évidemment dans notre article le législateur n'a pas eu en vue notre question. Il est vrai qu'on a pu rapprocher ses expressions de celles de Pothier, *Vente* N° 32. Mais Pothier lui-même, bien que décidant for-mellement comme nous, ne combattait pas la même opinion. Il répondait à ceux qui prétendaient qu'une offre ne peut être retirée même avant l'acceptation.

On a émis une troisième opinion (Wolf) : elle consiste à distinguer, d'après l'intention du pollicitant : s'il a en-tendu que l'acceptation suffirait, elle suffira, et s'il a en-tendu qu'elle soit connue de lui, elle devra l'être (cela est évident, car dans ce cas il ne s'est obligé que con-ditionnellement) ; mais la difficulté n'existe que dans le cas où l'on ignore son intention ; laquelle alors faudra-t-il présumer ? La plus conforme au droit commun, et ici reparaît la question que nous venons de dis-cuter (1).

Mais l'art. 932 lui-même constitue-t-il une exception au principe que les contrats se forment par le seul con-sentement? Cette question encore est controversée ; pour nous, nous ne le croyons pas ; nous pensons qu'ici aussi

(1) *Contra* Merlin, *Rép.*, v° *Vente*, § 3; Toullier, 6, 29; Trop-long, *Vente*, n° 25 (a). Conf. Duranton, 16, 45; Duvergier, *Vente*, 1, 58; Zachariæ, 2, 465; Championnière, 1, 189; Mourbon, Ma-cade, 4, 305.

(a) Rouen, 15 avril 1818.

le contrat se forme par le seul consentement dans tous les cas. Seulement, en raison de la solennité du contrat, il faut que ce consentement soit manifesté par une acceptation solennelle. On nous oppose l'art. 932. Dans le cas où l'acceptation est faite par un acte postérieur, la donation n'aura d'effet à l'égard du donateur que du jour où l'acte qui constatera cette acceptation lui aura été notifié. Or, dit-on, si le contrat n'a pas d'effet à l'égard du donateur, il n'en a pas non plus à l'égard du donataire. Car il est contraire aux principes qu'un contrat n'ait d'effet qu'à l'égard d'une des parties contractantes. L'acceptation, dit-on, est soumise à la formalité de la notification. Et qu'on ne dise pas que la donation est parfaite, sauf le droit du donateur de reprendre la chose, car il y aurait là une application de la règle *Donner et retenir ne vaut*, une condition protestative de la part du donateur, contraire par conséquent à l'art. 944.

Je réponds que d'abord il n'est nullement impossible que la position des deux parties dans un contrat soit inégale. C'est ce qui arrive chaque fois qu'un incapable a contracté, son adversaire est lié par un contrat dont il fera, s'il le veut, prononcer la nullité. Or, c'est ce qui arrive ici. Comment sans cela expliquer la singulière rédaction de l'article? Pourquoi aurait-on ajouté ces mots, *à l'égard du donateur?* Ne suffisait-il pas de dire : La donation ne produira pas d'effets? Bien plus, ces mots n'existaient pas d'abord, ils ont été ajoutés, à intention évidemment, et voici ce que nous apprennent sur ce point les travaux préparatoires.

Le projet de la commission et celui de la section de législation ne parlent pas de cette disposition nouvelle de la nécessité de la notification. On avait dit seulement que la donation n'aurait d'effet que du jour de l'acceptation. Le tribunal observa que jusqu'à l'acceptation le

donateur n'est pas lié, qu'il peut par conséquent transférer la propriété à des tiers. Or, si l'acceptation se fait
loin de lui, ne risque-t-il pas de contracter postérieurement avec des tiers et de se trouver ainsi soumis à leur
recours en garantie? Cette observation n'était pas très-
exacte, car le donateur connaît sa position, il sait qu'il
peut d'un moment à l'autre être lié par une acceptation
et il doit se conduire en conséquence. Toutefois, telle fut
la raison qui décida le tribunat à proposer d'anéantir
tout effet de la donation antérieur à la notification;
mais le conseil d'État n'admit pas la rédaction proposée
par le Tribunat, et il ajouta dans l'article les mots à l'*é-
gard du donateur*. N'est-il pas évident dès lors que dans
la pensée du conseil le contrat est parfait par l'acceptation, mais que le donateur n'est pas encore lié, en sorte
que les aliénations qu'il a pu faire auparavant seront
respectées et que sa mort ou son incapacité empêcheront
le contrat de se former ; mais la mort du donataire qui
a accepté laissera le contrat valable et ses héritiers pourront notifier son acceptation. — Et l'on ne peut pas
dire qu'il y ait lieu ici à la règle *Donner et retenir ne
vaut*, car si la loi ne permet pas de retenir, ce n'est
qu'après que l'on a donné. Or, ici le donateur ne donne
que du jour de la notification, il n'est donc lié en aucune façon auparavant, et on ne peut dire qu'il re-
tient (1).

Enfin, pour la cession ou pour le nantissement des
créances, s'attachera-t-on à l'époque de la convention
ou à celle de sa signification au débiteur?

D'après le Code civil, le cessionnaire est saisi à l'é-

_____

(1) Conf. Demante, *Thémis*, t. vii; Coin-Delisle, art. 932, § 13
et s.; Pardessus, *Dr. comm.*; Marcadé, 832, n° 5. *Secus* Dalloz,
Duranton, 8, 420; Zachariæ, 2, 37 à 40; Mourlon, 2, 248.

D.

gard du cédant par la remise du titre, à l'égard des tiers
par la signification. Il en résulte qu'après le jugement
déclaratif de la faillite, la signification ne pourra plus
être faite utilement, car le jugement dessaisissant le
failli de l'administration de ses biens, l'a dessaisi du droit
de disposer de sa créance comme eût pu le faire une
saisie-arrêt. Ici tout le monde est d'accord; mais le
transport sera-t-il valablement fait, s'il est fait à titre
gratuit, moins de dix jours avant la cessation des paiements? sera-t-il annulable s'il a été fait à titre onéreux
postérieurement à la cessation des paiements? Ce sont des
questions sur lesquelles on est loin de s'accorder; la
Cour de Cassation elle-même a changé de jurisprudence;
après avoir décidé le 13 juillet 1830 que le transport
qui n'était pas signifié dix jours avant l'ouverture de la
faillite n'était pas opposable à la masse des créanciers,
elle a fixé la jurisprudence en sens contraire par ses arrêts du 4 janvier 1847. Je crois que cette opinion est
préférable. Le jugement déclaratif de faillite, l'ouverture
même de la faillite sous l'ancien Code peuvent bien
avoir l'effet d'une saisie-arrêt, mais il ne peut pas en
être ainsi d'un délai, d'une date antérieure à la cessation
des paiements; il est inexact de dire que le failli est
dessaisi dans les dix jours, ses actes sont simplement
présumés frauduleux et la loi en prononce la nullité par
ce motif. Et nous n'argumenterons même pas en ce sens
comme l'ont fait plusieurs arrêts (Orléans, 31 août 1841;
Lyon, 17 mars 42), de ce que la masse représente le
failli, l'argument prouve trop, il conduirait à refuser à
la masse même l'action Paulienne, et c'est par conséquent
avec raison qu'un arrêt du 4 janvier 1847 (affaire Lau-
rent) a jugé que la masse avait qualité pour attaquer
un transport et se poser en adversaire du failli. Mais
nous dirons que la signification n'est pas exigée par la

loi dans l'intérêt des autres créanciers; à leur égard, en effet, ce mode de publicité serait trop imparfait; on ne va pas avant de contracter avec quelqu'un chez les personnes dont il est créancier pour savoir s'il l'est encore, et y allât-on, cela serait souvent inutile, car on présumera que si celui avec qui l'on va contracter n'est plus créancier, c'est qu'il a reçu l'équivalent de sa créance; le débiteur, en effet, pourra même ne pas savoir si le transport est ou non à titre onéreux. La signification est exigée dans l'intérêt du débiteur pour qu'il ne soit pas obligé de payer au cessionnaire après avoir payé au cédant, dans l'intérêt des tiers qui viendraient à traiter avec le cédant d'un droit de propriété ou de nantissement sur la créance, ceux-ci iront trouver le débiteur et apprendront par lui que le cédant n'est plus propriétaire; enfin dans l'intérêt des créanciers qui pourraient vouloir saisir-arrêter, ils seront aussi avertis par le débiteur.

Du reste, les créanciers du failli ne sont-ils pas en faute? Pourquoi n'ont-ils pas employé cette procédure de la saisie-arrêt?

§ 3. — *Des inscriptions.*

Si le Code annule les actes faits après la déclaration de faillite, c'est en vertu de la presomption de fraude qui s'attache aux actes du failli; cette règle n'a rien à faire en matière d'inscriptions, cependant le Code décide que les inscriptions prises après le jugement déclaratif sont nulles; c'est là, à notre avis, une conséquence exagérée des principes de l'égalité, qui conduira souvent à des conséquences iniques, et nous avons à reproduire sur notre disposition quelques-unes des critiques que nous avons faites de la rédaction trop littérale de l'art. 443

du Code de 1808. Je suis dans l'indécision avec un commerçant, il me force à un partage, je suis créancier d'une
soulte, presque immédiatement ils vient à faillir, je perds
mon privilége faute d'inscription, sur un bien que j'ai
mis dans le patrimoine du failli. On eût dû, ce me semble, de la règle qui nous occupe, excepter certaines
hypothèses et donner pour l'inscription un délai fixe
courant de l'acte malgré l'intervention du jugement
déclaratif.

Mais on peut, même après le jugement déclaratif de
la faillite, renouveler une inscription ; on n'acquiert en
effet ainsi aucun droit nouveau ; toutefois si l'ancienne
inscription était périmée, il ne serait pas permis d'en
prendre une nouvelle.

Un donataire ou même un acquéreur à titre onéreux
peut-il valablement transcrire après le jugement déclaratif ?

Nous avons admis l'affirmative en décidant que la
masse ne pouvait opposer aux tiers le défaut de transcription. Il sera donc prudent aux syndics de prendre
une inscription hypothécaire.

Cette décision ne peut s'étendre à la déconfiture;
l'art. 2146 est bien spécial à la matière commerciale,
toutes ses expressions le prouvent. On ne pourrait même
l'étendre à la cession de biens. Cela est d'autant mieux
certain que la loi de brumaire étendait cette disposition au cas de cessation publique de paiements, et les
rédacteurs du Code l'avaient sous les yeux. Cette décision admise par la jurisprudence.

Mais la loi donne elle-même au cas où une succession
est acceptée sous bénéfice d'inventaire une décision
analogue. Aucune inscription n'a pu être prise postérieurement à la mort du *de cujus;* ici se représente l'inconvénient que nous avons signalé en matière de faillite,

des privilèges fort respectables seront anéantis faute d'inscription. Mais ce n'est pas le seul inconvénient de cette décision, en voici deux autres : l'inscription prise après la mort du débiteur dépendra absolument du caprice de l'héritier qui, par une simple déclaration au greffe, pourra l'anéantir ; de plus, ce ne sera pas toujours dans l'intérêt de la masse que sera prononcée l'annulation de l'inscription, mais souvent dans l'intérêt d'un créancier de l'héritier qui aura une hypothèque générale. Enfin cette disposition du Code est d'autant moins raisonnable que la présomption d'insolvabilité est ici peu exacte. D'abord beaucoup d'héritiers prudents acceptent ainsi des successions sur la richesse desquelles ils ne sont pas bien édifiés, ensuite c'est ainsi que doivent être acceptées toutes celles qui sont échues à des mineurs ou à des interdits. Ainsi donc un créancier hypothécaire à terme d'une très-bonne succession va perdre son hypothèque faute d'avoir eu le temps de l'inscrire (car le débiteur est peut-être mort immédiatement après avoir fait l'acte), et va se trouver ruiné s'il n'a pas demandé la séparation des patrimoines, par des prodigalités postérieures de l'héritier.

Toutefois il est un privilège susceptible d'être inscrit après la mort même, si la succession est acceptée bénéficiairement, c'est celui de la séparation des patrimoines; la raison en est qu'il ne crée aucun droit de préférence entre les créanciers du défunt.

Occupons-nous maintenant des inscriptions prises avant le jugement déclaratif.

L'ancien Code ne contenait aucune prohibition formelle à cet égard; aussi soutint-on d'abord que l'on pouvait inscrire jusqu'au jugement déclaratif de faillite, toute hypothèque valablement acquise. On se fondait sur ce que l'art. 443 ne s'appliquait qu'aux acquisitions

d'hypothèque; or inscrire n'est pas acquérir, c'est conserver : décider autrement, c'était exagérer la disposition de l'art. 443 et achever de ruiner le crédit hypothécaire des commerçants.

On répondait par l'art. 2146 du Code civil combiné
avec l'art. 443; l'art. 2146 dit, en effet, que les inscriptions prises dans le délai pendant lequel les actes faits
avant l'ouverture des faillites sont nuls, devront être également annulées, et l'art. 443 décide que ce délai est de
10 jours avant l'ouverture de la faillite. La jurisprudence
admit ce système. (Arrêt de la C. de Cass., 4 juin 1817.)

La loi de 1838 trancha ces difficultés par une distinction; en principe on peut inscrire toute hypothèque valablement acquise, jusqu'au jugement déclaratif. Mais
toute inscription qui réunit ces deux vices, d'être prise
dans les 10 jours qui ont précédé la cessation des paiements, et d'être postérieure de plus de 15 jours à l'acte
constitutif de l'hypothèque (plus les délais de distance),
peut être annulée. Dans ce cas, en effet, il est à présumer ou que le créancier a été négligent, et comme sa
négligence a donné au débiteur un crédit illusoire, il
doit en être puni; ou il a été complice du débiteur et a
retardé à dessein son inscription, alors il doit, à plus
forte raison, en supporter la peine. Toutefois, les tribunaux apprécieront si le retard ne peut pas s'expliquer
sans fraude et sans négligence, ou encore s'il n'a causé
aucun préjudice aux créanciers, et dans ce cas on peut
valider l'inscription.

La jurisprudence, qui n'admet pas qu'une transcription puisse être valablement faite après le jugement
déclaratif, ne va pas cependant jusqu'à étendre aux
transcriptions la disposition de l'art. 448 (Montpellier,
4 juin 1844, et Rejet du pourvoi, 24 mai 1848).

§ 4. — A qui et contre qui se donne l'action ?

Ici l'action n'appartient pas aux créanciers antérieurs
à l'acte, mais à tous, à la masse ; nos articles sont formels à cet égard ; on présume en effet et avec assez de
raison, que le failli a eu en vue de frauder, non-seulement ses créanciers présents, mais tous ceux qu'il pourrait avoir à la date de sa faillite. En sorte que tous ceux
qui étaient créanciers lors du contrat, eussent-ils été
désintéressés, la masse n'en aurait pas moins l'action.
A la raison que nous avons donnée, on peut en ajouter
une autre ; c'est que, comme la loi n'annule jamais que
des actes de peu antérieurs à la cessation des paiements,
il est raisonnable de supposer qu'à cause de la célérité
des relations commerciales, les tiers qui sont devenus
postérieurement créanciers du failli n'ont pu connaître
l'altération que son crédit en allait ressentir.

Ainsi donc ici aucune difficulté sur le partage, l'acte
est nul, tout est remis dans l'état où l'on serait s'il n'é-
tait pas intervenu ; dès lors tous les créanciers se font
payer sur les biens ou sur les sommes qui rentrent dans
le patrimoine.

Mais à coup sûr et la jurisprudence l'a bien reconnu,
les créanciers seuls peuvent profiter de la nullité, des
actes les parties contractantes ne pourraient jamais en
refuser l'exécution (1). Le failli concordataire ne serait
pas subrogé aux droits de ses créanciers et ne pourrait invoquer la nullité des actes, les expressions de l'art. 446
sont formelles ; les actes ne sont nuls que *relativement*

(1) C. de Cass. 5 août 1842.

à la masse (1). On a jugé cependant que s'il ne pouvait invoquer la nullité, il pouvait en profiter (2). J'aurais peine à accepter cette décision qui est contraire au principe du droit de recours des tiers ; c'était aux créanciers à exercer l'action lors de la faillite s'ils voulaient accorder cet avantage à leur débiteur, mais lui-même est lié par les actes frauduleux, et rien ne peut l'autoriser à en refuser l'exécution dès qu'elle ne préjudicie plus aux créanciers.

Enfin nous avons déjà dit que nos articles donnaient à l'action un caractère réel qui permet de l'intenter contre tout sous-acquéreur. Ce n'est pas douteux pour l'art. 446 et pour l'art. 447, il est bien à croire que la loi n'a pas voulu adopter un système différent.

§ 5. — *Effets de l'action.*

L'action en rapport comprend, outre les choses livrées par le failli, ou leur valeur si la restitution en est impossible, et de plus les intérêts depuis le jour de la tradition, car ceux qui ont commis une fraude sont toujours en demeure (art. 549 et 1378 du Code civil).

Le rapport pourrait-il être prononcé solidairement contre plusieurs créanciers qui auraient reçu collectivement un paiement? On s'est fondé pour le soutenir sur l'art. 55 du Code pénal, mais on a répondu avec raison qu'il n'y avait eu ni crime ni délit, et que la solidarité ne pouvait jamais se présumer (3).

---

(1) Cass. 16 nov. 1840 ; Paris, 24 janvier 1844 et 3 déc. 1846.
(2) Bordeaux, 18 fév. 1849.
(3) Nancy, 24 janvier 1842.

POSITIONS.

DROIT ROMAIN.

1. Le § 6, du titre *de Actionibus* aux Institut s s'occupe d'une action *in rem* donnée à la suite d'une *restitutio in integrum*.

2. Le possesseur de bonne foi contre qui l'on intente l'action Paulienne, ne doit pas les fruits perçus antérieurement à la *litis contestatio*, même ceux qui ont été vendus avec la chose; en sorte que pour concilier la loi 38, § 4, *de Usuris* avec la loi xxv, § 4, il faut reconnaître que celle-ci voulait parler de l'interdit fraudatoire.

3. Les paiements faits par le débiteur en fraude des créanciers antérieurement à l'envoi en possession ne pouvaient jamais être révoqués.

4. L'exception de dol opposée dans une action *stricti juris*, pour arriver à la compensation, donne au juge le pouvoir de déduire l'une des dettes de l'autre.

5. Les pactes joints *ex continenti* à un contrat même *stricti juris*, en font ordinairement partie; cependant dans le *mutuum*, les pactes qui ajoutent à l'obligation ne peuvent produire d'action.

DROIT FRANÇAIS.

1. L'action Paulienne est une action personnelle.

2. La fraude du débiteur est exigée pour qu'il y ait lieu à la révocation de tout acte quel qu'il soit.

3. La donation en faveur du mariage est un contrat à titre gratuit, mais on n'en peut prononcer la révocation au préjudice des droits du conjoint du douataire sans prouver sa mauvaise foi.

4. Les créanciers postérieurs à l'acte ne peuvent ni en demander la révocation, ni profiter de la révocation obtenue.

5. Pour fixer la date du contrat, on ne doit avoir égard qu'à l'époque où a commencé le concours des volontés, alors même qu'il s'agirait d'une donation d'immeubles, d'une vente par correspondance, ou d'un transport de créance.

6. Une hypothèque légale peut, dans certains cas, être annulée en vertu des articles 446 et 447 du Code de commerce.

7. L'individu qui se trouve dans les conditions prévues par l'art. 9 du Code civil, et qui a fait la déclaration prescrite par cet article, est Français de naissance.

8. L'hypothèque légale des femmes et des mineurs qui n'a pas été inscrite dans les deux mois du dépôt du contrat au greffe, est complétement éteinte vis-à-vis des autres créanciers, aussi bien que vis-à-vis du nouvel acquéreur.

9. Dans l'hypothèse prévue par l'art. 395 du Code civil, la mère qui n'a pas fait convoquer le conseil de famille continuera à avoir ses biens grevés d'une hypothèque légale, bien qu'elle ne soit tutrice que de fait; mais son nouveau mari aura ses biens entièrement libres.

HISTOIRE DU DROIT.

1. Chez les barbares, chacun était soumis au droit de sa nation, et non à celui qu'il pouvait choisir.

2. La communauté a une origine germaine, mais ce n'est qu'un point de départ qui s'est singulièrement modifié à l'époque féodale.

DROIT CRIMINEL.

1. Les commerçants seuls peuvent être coupables de banqueroute frauduleuse.

2. Après l'acquittement du coupable de banqueroute frauduleuse, nul ne peut être poursuivi comme complice de ce crime.

DROIT DES GENS.

1. Tout blocus doit être effectif.

2. Le tribunal français appelé à donner à un jugement rendu par un tribunal étranger la force exécutoire, ne doit examiner le fond de l'affaire qu'au cas où ce jugement condamne un Français. Dans tous les autres cas, sa mission se borne à examiner si la décision du tribunal étranger ne contient rien de contraire aux principes de notre droit public, aux bonnes mœurs ou à l'ordre public.

Vu par le Président de la Thèse,
Y. DUVERGER.

Vu par le Doyen,
G.-A. PELLAT.

Permis d'imprimer,
Le Recteur,
CAYX.

Imprimerie de BEAU Jne, 36, rue de l'Orangerie, à Versailles.

D.

www.ingramcontent.com/pod-product-compliance
Lightning Source LLC
Chambersburg PA
CBHW072313210326
41519CB00057B/5061